ANKOMMEN!
Band 1: Wortschatz A1/A2
Deutsch als Fremdsprache
von Elke Günzel mit Übersetzungen
von Agnieszka Kozłowska

Begleitband zum Lehrbuch A1/A2
Band 1 von 3 Bänden.
Als Begleitmaterial ist außerdem erhältlich: Übungsbuch und Grammatik ein- und zweisprachig, sowie ein Lehrbegleitbuch.

ISBN 9 - 789 403 - 623 702

Vollständige Überarbeitung des Lehrwerks „Ankommen in Deutschland", Elke Günzel
Copyright 1997 Verlag für Deutsch,
Copyright 2001 im Hueber Verlag.

Der Teilband „Wortschatz" war in der alten Ausgabe in die Kapitel des Arbeitsbuchs integriert. Nun erscheint der Wortschatz völlig neu und farbig gestaltet als Einzelband zum Lernen mit einem Index am Ende des Buches zum Nachschlagen. Die zweisprachige Edition polnisch-deutsch ist ebenfalls eine Neuerscheinung.

Umschlaggestaltung: Arthur Otte

ANKOMMEN!
Część 1: Słownictwo A1/A2
Język niemiecki jako język obcy
Autorka: Elke Günzel.
Tłumaczenie: Agnieszka Kozłowska

Dodatek podręcznika A1/A2,
pierwszy z 3 tomów.
Oprócz tego, dostępne są również gramatyka (jedno- lub dwujęzyczne wydanie), zeszyt ćwiczeń oraz dodatek dla nauczycieli.

ISBN 9 - 789 403 - 623 702

Nowe wydanie podręcznika „Ankommen in Deutschland" autorstwa Elke Günzel
- Copyright 1997 Verlag für Deutsch,
- Copyright 2001 Hueber Verlag.

W poprzednim wydaniu „Słownictwo" było częścią zeszytu ćwiczeń. Tym razem pojawia się ono w nowych kolorach i wydaniu, jako dodatek do samodzielnej nauki, z praktycznym indeksem umożliwiającym łatwe spawdzanie znaczenia słówek. Nowością jest także dwujęzyczna edycja polsko-niemiecka.

Projekt okładki: Arthur Otte

ANKOMMEN!

So lernen Menschen aus aller Welt richtig Deutsch!

TOM 1: Słownictwo 1 (A1/A2)

Niemiecki - Polski

Słownictwo autorstwa Elke Günzel
z polskim tłumaczeniem Agnieszki Kozłowskiej

Wskazówki do prawidłowej nauki słownictwa:

1. Nomen Rzeczowniki

Ucz się rzeczowników wraz z ich rodzajnikiem „der", „die" lub „das".
Rodzajniki są oznaczone następującymi kolorami:

hellblau = der   rosa = die   grau = das

2. Verben Czasowniki

W 1 i 2 rodziale pierwszego tomu poznasz wszystkie mocne i słabe czasowniki w czasie teraźniejszym. Pamiętaj, aby uczyć się także ich form w 2. i 3. osobie liczby pojedynczej (du / er, sie, es).

Czasowniki rozdzielnie złożone zawsze wymienione są wraz z ich formą osobową. Pamiętaj, aby od razu się jej uczyć. Oto jeden z przykładów: auswählen / wählt aus.

Hören
Słuchanie

Wszystkie pliki audio dostępne są bezpłatnie na poniższej stronie internetowej:

www.ankommen.elkeguenzel.de/dl

Inhaltsverzeichnis   Spis treści

Kapitel 1 Kennen lernen
Rozdział 1 Poznajmy się

Abschnitt 1 Im Sprachkurs / Auf der Straße
Część 1 Na kursie językowym/Na ulicy

Hören 1	Personalpronomen / Zaimki osobowe	
Im Gespräch		W rozmowie
Sie	Was machen ... Herr Jonosa?	Pan
ich	... gehe in den Sprachkurs	ja
du	Was machst ... im Kindergarten?	ty
Sie	Was machen ... Herr Jonosa und Frau Jonosa, im Sprachkurs?	Państwo
wir	... sprechen Deutsch.	my
ihr	Was macht ..., Fate und Bimata, im Kindergarten?	wy
Über Menschen sprechen		Rozmawiając o kimś
er	Herr Jonosa kommt aus Afrika. ... ist Arzt.	on
sie	Frau Jonosa ist seine Frau. ... ist Lehrerin.	ona
es	Das Auto ist teuer. ... ist neu.	ono
sie	Herr und Frau Jonosa sind hier. ... sind im Sprachkurs.	oni

Hören 2	Verben / Czasowniki	
sein	Ich ... Arzt. Sie ... fünf Jahre alt. Wir ... im Sprachkurs.	być
haben	Ich ... ein Auto. Sie ... ein Kind. Wir ... Hunger.	mieć
fragen	Ich ... die Lehrerin. Er ... die Lehrerin.	pytać
verstehen	... Sie Deutsch? - Ja, ich ... ein bisschen.	rozumieć
hören	Familie Jonosa ... Musik. Wir ... eine CD.	słyszeć
machen	Ich frage das Kind: Was ... du im Kindergarten?	robić
gehen	Was machen Sie? - Ich ... in den Sprachkurs.	iść
kommen	Woher .... Herr Jonosa? - Er ... aus Burkina Faso.	pochodzić
wohnen	Wo ... Herr Jonosa, - Er ... in Deutschland.	mieszkać
bringen	Er ... sein Kind in den Kindergarten.	przynosić
bekommen	Bimata ... ein Eis	dostawać
wünschen	Ich ... Frau Jonosa einen schönen Tag.	życzyć
heißen	Wie ... du? - Ich ... Fate. Wie ... Sie? - Ich ...	nazywać się
antworten	Sie fragt, ich .... und er ... . Wir	odpowiadać
sprechen	Ich ... Arabisch und er ... Englisch. Wir ... Deutsch.	mówić
lesen	Du ... ein Buch. Frau Maier und Frau Müller ... ein Buch.	czytać
sehen	Was ... du auf der Straße? Ich ... Frau Jonosa.	widzieć
(sich) vorstellen	Wie heißen Sie? - Bitte, ... Sie *sich*	przedstawiać (się)
lernen	Wir ... im Sprachkurs Deutsch.	uczyć się
holen	Frau Jonosa ... ihre Kinder vom Kindergarten.	odbierać

Hören 3		Nomen / Rzeczowniki
der Sprachkurs, -e	Der ... ist in der Schule. Fünf ... sind in der Schule.	kurs językowy
der Lehrer, -	Der ... spricht Deutsch. Die zwei Lehrer sprechen Deutsch	nauczyciel
die Lehrerin, -innen	Die ... fragt Frau Jonosa. Die zwei Lehrerinnen fragen.	nauczycielka
der Name, -n	Wie heißen Sie? Mein ... ist Maier. Die zwei Namen.	imię, nazwisko
der Vorname, -n	Der ... ist Lena.	imię
der Nachname, -n	Der ... ist Maier.	nazwisko
der Mann, ä-er	Das ist der ... von Frau Maier. Das sind die Männer.	mąż, mężczyzna
der Herr, - en	Das ist ... Jonosa. Das sind die Herren Jonosa und Maier.	Pan
die Frau, -en	Das ist die ... von Herrn Jonosa. Das sind die Frauen.	żona, kobieta, Pani
das Kind, -er	Bimata ist das ... von Herrn und Frau Jonosa. Sie haben 3 Kinder.	dziecko
der Sohn, -ö-e	Max ist der ... von Frau Müller. Frau M. hat 3 Söhne.	syn
die Tochter, -ö-	Lena ist die ... von Frau Müller. Frau Jonosa hat 3 Töchter.	córka
der Vater, -ä-	Herr Jonosa ist der .... von Bimata. Herr J. und Herr. M. sind Väter.	ojciec
die Mutter, -ü-	Frau Jonosa ist die ... von Bimata. Frau J. und Frau M. sind Mütter.	matka
der Bruder, -ü-	Friedrich ist der ... von Artur . Nelly hat 2 Brüder.	brat
die Schwester , -n	Fate ist die ... von Bimata. Bimata hat 3 Schwestern.	siostra
das Jahr, -e	Sie ist 1 ... alt. Er ist 3 Jahre alt.	rok
die Schule, -en	Nelly ist 9 Jahre alt. Sie geht in die ... . Wir haben 3 Schulen.	szkoła
der Kindergarten,--ä	Er ist 5 Jahre alt. Er geht in den ... . Wir haben 5 Kindergärten.	przedszkole
die Tagesmutter, -ü	Julia ist 3 Jahre alt. Sie ist bei der ...	opiekunka
der Beruf,-e	Was sind Sie von ...	zawód
der Ingenieur, -e	Ich bin ... von Beruf.	inżynier
der Arzt, ä-e	Ich bin ... von Beruf. Da sind 3 Ärzte.	lekarz
die Adresse, -n	Schulstraße 4, Berlin. Das ist eine ...	adres
die Straße, -n	Eine ... hat viele Häuser.	ulica
die Nummer, -n	Jedes Haus hat eine ... , eine Hausnummer.	numer
die Frage, -n	Ich habe eine ... . Wo ist die Schule?	pytanie
die Antwort, -en	Die ... lautet: Sie ist in der Schulstraße 5.	odpowiedź
das Interview, -s	Der Journalist macht ein	wywiad
das Hobby, -s	Das Hobby von Frau Müller ist Kuchenbacken.	hobby
das Buch, -ü-er	Das ... ist in Deutsch. Das sind Lehrbücher.	książka
die Musik	Er hört gerne Pop- .... und Rock-... . Sie hört Klassik.	muzyka
das Essen	Das ... ist gut.	jedzenie
Lieblings-	Mein Lieblingsessen ist Pizza. Sein ... ist Döner Kebab,	ulubiony
der Hunger	Ich habe...	głód
die Suppe, -n	Frau Jonosa macht eine	zupa
das Eis	Bimata und Fate bekommen ein	lody
das Erstaufnahmelager, -	In Deutschland kommen alle Flüchtlinge in ein ...	ośrodek tymczasowego zakwaterowania
die Smartphone-App, -s	Eine ... macht Spaß.	aplikacja na smartfonie

Hören 4		Fragewörter / Zaimki pytające
wer	... ist fünf Jahre alt? Lena ist fünf Jahre alt.	kto
was	... sind Sie von Beruf? - Ich bin Ingenieur.	co

wie	... heißen Sie? - Ich heiße Elke.	jak
wo	... wohnen Sie? - Ich wohne in Frankfurt.	gdzie
woher	... kommen Sie? - Ich komme aus Österreich.	skąd
Hören 5		andere Wörter / Inne słowa
mein, meine	Ich habe ein Buch. Das ist ... Buch.	mój, moja, moje
Ihr, Ihre	Sie hat eine Familie. Das ist ... Familie.	jej
neu	Familie Jonosa ist ... in Deutschland.	nowy
heute	... ist Montag.	dzisiaj
danke / bitte	Bimata sagt. „ ... für das Eis." - Frau Maier sagt: „...."	dziękuję, proszę
hier	Ich bin ... in Deutschland.	tutaj
noch	Sie sprechen arabisch. Was sprechen Sie ... - Ich spreche noch Englisch.	jeszcze
erst	Jana liest ein Buch. Sie ist ... fünf Jahre alt.	dopiero
schon	Er ist erst zehn Tage in Deutschland. Aber er spricht ... Deutsch.	już
jetzt	Sie lesen ... das Buch.	teraz
gut	Sie sprechen ... Deutsch.	dobrze
alt	Wie ... bist du? Ich bin fünf Jahre	stary (dosłownie: „Jestem pięć lat stary/-a.")
sehr	Er ist 80 Jahre alt. Er ist ... alt.	bardzo
viel	1 000 000 Euro ist ... Geld.	dużo
teuer	Das Buch kostet 50 Euro. Das Buch ist	drogi
ja	Geht es dir gut? ...	tak
nein	Geht es dir gut? ...	nie
ein wenig	„Sprechen Sie viel Deutsch?" - „Nein, ..."	odrobinę
ein bisschen	Sprechen Sie schon Deutsch. Ja, ...	troszkę
aber	Ich verstehe nicht viel ... ein bisschen.	ale
und	Herr ... Frau Jonosa sind in Deutschland.	i
verheiratet	Frau Müller hat einen Mann. Sie ist	zamężna, żonaty
ledig	Max hat noch keine Frau. Er ist ...	wolny (kawaler, panna)
verwitwet	Frau Klein ist tot. Herr Klein ist ...	owdowiały
stimmt	Ich höre, Sie sind verheiratet? - ... ich bin verheiratet.	zgadza się
jede	... - n Morgen bringen sie Bimata zur Tagesmutter.	każdy
Hören 6		Ausdrücke / Wyrażenia
Guten Tag	Wenn wir uns begrüßen, sagen wir ...	dzień dobry
Guten Morgen!	Wenn wir uns vormittags begrüßen: ...	dzień dobry
Guten Abend!	Wenn wir uns abends begrüßen ...	dobry wieczór
Wie geht's?	Hallo! ... . ? - Danke gut. - Wie geht es dir? -	Jak leci?
Auf Wiedersehen! Tschüs!	Wenn wir uns verabschieden, sagen wir.... oder zu Freunden und Verwandten	Do widzenia! Na razie!
einen schönen Tag	Wenn wir uns verabschieden, wünschen wir uns oft ... noch.	Miłego dnia!
danke vielen Dank	Wenn wir etwas bekommen, dann bedanken wir uns mit ... oder	dziękuję, bardzo dziękuję
danke ebenfalls	Wenn wir uns wie der andere auch bedanken, sagen wir ... oder auch: danke gleichfalls.	dziękuję, nawzajem
bitte	Wenn wir uns etwas wünschen oder wir auf ein „danke" antworten, sagen wir	proszę
gern geschehen	Wenn sich jemand bei uns bedankt hat. Dann antworten wir ...	nie ma za co

Abschnitt 2 Das Alphabet
Część 2 Alfabet

Hören 7		Verben / Czasowniki
stehen	Das Essen ... auf dem Tisch.	stać
stellen	Ich ... das Essen auf den Tisch.	stawiać
sitzen	Er ... auf dem Stuhl.	siedzieć
schicken	Ich ... meiner Mutter eine SMS.	wysyłać
kosten	Das Essen im Restaurant ... viel.	kosztować
buchstabieren	Ich ... Jonosa. J - o - n - o - s - a.	przeliterować
lieben	Romeo ... Julia.	kochać
möchten	Ich ... ein Eis. Er möchte ein Eis	chcieć (w trybie przypuszczającym)

Hören 8		Nomen / Rzeczowniki
das Alphabet	Das deutsche ... hat 26 Buchstaben.	alfabet
der Vokal, -e	Vokale sind a e i o u	samogłoska
der Konsonant, -en	Konsonanten sind b d g ...	spółgłoska
das Wort, -ö-er	Ein ... hat viele Buchstaben.	słowo
die Silbe, -n	Eine ... hat einen Vokal.	sylaba
der Satz, -ä-e	Ein ... hat ein Verb und ein Nomen.	zdanie
der Buchstabe, -n	Ein Alphabet hat ...	litera
der Anfang, -ä-e	Der ... vom Alphabet heißt: A.	początek
das Ende, -n	Das ... vom Alphabet heißt: Z.	koniec
das Mädchen, -	Sie ist noch ein Kind. Sie ist ein	dziewczyna
der Osten	Im ... von Europa ist Asien.	wschód
der Süden	Im ... von Europa ist Afrika.	południe
die Küche	Wir machen Essen in der	kuchnia
die Leute	Viele Männer und viele Frauen. Das sind ...	ludzie
die Liebe	Die ...,. von Romeo und Julia.	miłość
das Leiden	Er ist krank. Er hat ein ...	choroba, cierpienie
das Haus, äu-er	Das ... von Frau Müller liegt in der Schulstraße,	dom
die Maus	1. das Tier 2. die Computer-Maus	1. mysz 2. mysz komputerowa

Hören 9		andere Wörter / Inne słowa
offen	Kommen Sie! Das Haus ist ...	otwarty
geschlossen	Nein, kommen Sie nicht! Die Schule ist	zamknięty
schön	Er kommt zu Besuch. - Au ja, das ist	piękny, świetny
spät	Er sagt: Ich komme um 8:00. Uhr Aber er kommt um 9:00 Uhr. Das ist ...	późno

Abschnitt 3 Post und Telefon
Część 3 Poczta i telefon

Hören 10		**Verben / Czasowniki**
entschuldigen	... Sie. Wo ist die Post?	przepraszać
lauten	... (bei Zahlen) = heißen	brzmieć
finden	Ich sehe die Schulstraße! Ich ... sie.	znajdować
suchen	Ich ... die Post. Aber ich finde sie nicht.	szukać
telefonieren	Er ... mit der Auskunft.	telefonować
anrufen	= telefonieren. Er ... die Auskunft	dzwonić
spielen	Wir ... ein Interview.	grać
geben	Bitte ... Sie mir die Telefonnummer.	dawać
nehmen	Bitte ... Sie einen Kugelschreiber und schreiben Sie.	brać

Hören 11		**Nomen / Rzeczowniki**
die Post	Auf der ... gibt es Briefmarken.	poczta
der Postange-stellte	Der ... sitzt am Postschalter.	urzędnik pocztowy
die Postange-stellte	Die ... sitzt am Postschalter.	urzędniczka pocztowa
die Dame, -n	Eine Frau ist eine ...	dama
die Postleitzahl, -en	Jede Adresse hat eine ...	kod pocztowy
der Computer		komputer
der Laptop		laptop
die Briefmarke, -n	Wenn ich einen Brief schicken will, brauche ich eine ...	znaczek pocztowy
die Stadt, ä-e	Frankfurt ist eine ...	miasto
das Dorf, ö-er	Alfhausen ist ein ...	wieś
das Beispiel, -e	Ich verstehe nicht. Bitte geben Sie ein	przykład
die Telefonnum-mer, -n	Zum Telefonieren brauche ich eine ...	numer telefonu
die Liste, -n	Ein Telefonbuch hat eine ... mit Telefonnummern.	lista
der Teilnehmer -	Er lernt im Sprachkurs. Er ist ein	uczestnik
die Teilnehmerin, -innen	Sie ist eine ...	uczestniczka
die Auskunft	Die .... gibt mir Telefonnummern.	informacja
die Durchsage	Bei der Auskunft hören wir eine ...: „Wir sind im Augenblick alle beschäftigt.....“	zapowiedź
der Platz, -ä-e	Fünf Leute sitzen hier. Es sind fünf ...	miejsce
das Telefon (Fest-netz)		telefon (stacjonarny)
der Augenblick, -e	= der Moment	moment, chwilka
die Geduld	Ich habe ...	cierpliwość

		Computer / Komputer
das Handy, -s das Smartphone, -s		komórka, smartfon
die e-Mail	Verb: mailen / Ich maile eine e-Mail.	e-mail
die SMS	Verb: eine SMS schicken./ Ich schicke eine SMS.	SMS
das Twitter	Verb: twittern. / Ich twittere täglich bei Twitter und teile oder schreibe Tweets.	twitter
der Chat	Verb: chatten. / Ich chatte mit meinem Bruder. Montags habe ich immer viele Nachrichten im Chat.	chat
Hören 12		andere Wörter / Inne słowa
eins	1	jeden
zwei	2	dwa
drei	3	trzy
vier	4	cztery
fünf	5	pięć
sechs	6	sześć
sieben	7	siedem
acht	8	osiem
neun	9	dziewięć
klein	Julia ist drei Jahre alt. Sie ist noch ...	mały
groß	Max ist 16 Jahre alt. Er ist schon ...	duży
oft	Er geht ... in den Sprachkurs.	często
nur	Sie geht ... einen Tag auf die Straße.	tylko
alle	Die zehn Frauen im Sprachkurs. = ... Frauen im Sprachkurs.	wszyscy
einige	Nicht alle zehn Frauen, nur vier. = ... Frauen im Sprachkurs.	niektórzy
andere	Die sind nicht aus dem Sprachkurs. Das sind ... Frauen.	inni
beschäftigt	Ich habe keine Zeit. Ich bin ...	zajęty

Abschnitt 4 Die Deutschlandkarte
Część 4 Mapa Niemiec

Hören 13		Verben / Czasowniki
liegen	Hamburg ... an der Elbe.	leżeć
fließen	Die Elbe ... durch Hamburg.	płynąć
		Nomen / Rzeczowniki
das Bundesland	Bayern ist ein ... von Deutschland.	bundesland, kraj związkowy
die Hauptstadt, ä-e	Die ... von Bayern ist München. Die ... von Österreich ist Wien.	stolica

der Fluss, ü-e	Der Rhein ist ein ... . Der Rhein und die Donau sind ...	rzeka
das Meer, -e	Die Nordsee ist ein ... . Die Nord- und die Ostsee sind ...	morze
der See, -n	Der Bodensee ist ein ...	jezioro
die Grenze, -n	Die Schweiz liegt an der ... zu Deutschland.	granica
		Fragewörter / Zaimki pytające
Welcher?	... Fluss liegt in Deutschland.	Który?
Welche?	... Stadt liegt am Rhein?	Która?
Welches?	... Bundesland liegt im Norden?	Które?
Welche?	... Städte liegen in Deutschland?	Które? (l.mn.)

Kapitel 2 Essen und Trinken
Rozdział 2 Jedzenie i picie

Abschnitt 1 Ein Fest
Część 1 Uroczystość

Hören 14		Verben / Czasowniki
einladen	Familie Müller sagt: „Kommen Sie zu Besuch." - Familie Müller .... Familie Jonosa	zapraszać
zahlen	An der Kasse Geld geben.	płacić
schreiben	Ich ... mit einem Kugelschreiber.	pisać
trinken	Er ... einen Kaffee.	pić
kochen	Sie... eine Suppe.	gotować
mitbringen	Frau Jonosa kommt zu Besuch. Sie ... eine Flasche Wein	przynosić (ze sobą)
essen	Wir ... Brot.	jeść
kaufen	Ich ... ein Brot für das Abendessen.	kupować
brauchen	Haben wir Brot zu Hause? Nein, wir ... noch ein Brot.	potrzebować
anbraten	Frau Müller ... Eier in der Pfanne	smażyć, podsmażać
backen	Frau Jonosa ... ein Brot.	piec
klingen	Ich habe Zeit. Ich lade dich zum Essen ein. Das ... gut.	brzmieć
feiern	Die Teilnehmer im Sprachkurs ... den Geburtstag von Frau Müller.	świętować
heiraten	Sie sind noch nicht verheiratet. Aber sie ... morgen.	pobierać się
dürfen	... ich Sie einladen?	mieć pozwolenie

Hören 15		Nomen / Rzeczowniki
das Fest, -e	Geburtstag, Hochzeit, Weihnachten, Bayram sind	święto
der Abend, -e	Ab 18.00 Uhr ist es ...	wieczór
der Freund, -e	Herr Müller und Herr Hoffmann sind ...	przyjaciel
die Freundin, -nen	Frau Hoffmann und Frau Müller sind	przyjaciółka
das Geld	50 Euro. Das ist	pieniądze
der Einkaufszettel, -	Eine Liste zum Einkaufen ist ein...	lista zakupów
die Idee, -n	Was koche ich heute? Ich habe keine ...	pomysł
die Flasche, -n	Mineralwasser gibt es in ...	butelka
die Kiste, -n	20 Flaschen stehen zusammen in einer ...	skrzynka
das Kilo	= das Kilogramm = 1 kg = ...	kilogram
die Packung, -en	Salz, Zucker und Mehl gibt es in einer	paczka
die Dose, -n	Coca Cola gibt es in Flaschen und in Dosen.	puszka
das Netz, -e	Gemüse gibt es in einem ...	sieć, siatka

die Tube, -n	Tomatenmark gibt es in einer	tuba, tubka
die Speise, -n	Was ich essen, sind ...	potrawa
die Spezialität, -en	Pizza ist eine italienische	specjalność
das Frühstück	Morgens esse ich ein	śniadanie
der Nachmittag, -e	Nach dem Mittagessen ist ...	popołudnie
das Wochenende, -n	Samstag und Sonntag ist ...	weekend
die Hochzeit, -en	Sie sind ab heute verheiratet. Sie haben heute ...	wesele
die Einweihung	Sie haben eine neue Wohnung. Sie feiern die Wohnung. Sie machen eine ...	parapetówka
das Picknick	Sie nehmen Speisen und Getränke und feiern draußen. Sie machen ein ...	piknik
die Zeit	Ich gehe jetzt. Ich habe keine ...	czas
die Tasche, -n	Man kann etwas in ein Brot hineinfüllen. Das ist eine Teig.... ich gehe einkaufen. Ich brauche eine Einkaufs....	torba
die Woche, -n	Eine ... hat 7 Tage.	tydzień

Jak nazywają się te artykuły spożywcze?

Poznaj niemieckie określenia artykułów spożywczych, których możesz potrzebować.

Das Gemüse Warzywa

der Blumenkohl, köpfe	kalafior
der Salat, -köpfe	sałata
die Möhre, -n (süddeutsch) die Karotte, -n (norddeutsch)	marchew
die Bohne, -n	fasola
die Zwiebel, -n	cebula
die Paprika, -s	papryka
die Gurke, -n	ogórek
Kartoffel, -n	ziemniak
die Erbse, -n	groszek
die Linse, -n	soczewica
der Knoblauch	czosnek
die Tomate, -n	pomidor

Inne rodzaje warzyw, których możesz potrzebować:

Das Obst Owoce

das Obst	owoce
die Frucht/die Früchte	owoc
der Apfel, Äpfel	jabłko
die Birne, -n	gruszka
der Pfirsich, -e	brzoskwinia
die Aprikose, -n	morela
die Melone, -n	melon
die Zitrone, -n	cytryna
die Erdbeere, -n	truskawka
die Himbeere, -n	malina
die Kirsche, -n	wiśnia
die Pflaume, -n (norddeutsch) die Zwetschge, -n (süddeutsch)	śliwka
die Orange, -n	pomarańcza
die Banane, -n	banan
die Weintraube, -n	winogrono

Inne rodzaje owoców, których możesz potrzebować:

Das Fleisch Mięso

das Fleisch	mięso
das Rind	wołowina
das Schwein	wieprzowina
das Lamm	jagnięcina
das Huhn, die Hühner / das Hühnchen	kura, kury, kurczak
der Hahn, die Hähne / das Hähnchen	kogut, koguty, kurczak

Inne rodzaje mięsa, których możesz potrzebować do gotowania:

Andere Lebensmittel Inne art. spożywcze

das Ei, die Eier	jajko, jajka
der Zucker	cukier
das Salz	sól
der Pfeffer	pieprz
das Gewürz, -e	przyprawa
der Pilz, -e	grzyb
das Mehl	mąka
die Hefe	drożdże
der Essig	ocet
das Öl	olej
die Soße	sos
das Tomatenmark	koncentrat pomidorowy
das Joghurt	jogurt
der Ketchup	ketczup
die Majonaise	majonez
das Brot	chleb
das Fladenbrot	pita (turecki chleb)
das Brötchen	bułka
der Laib Brot	bochenek chleba
der Käse	ser
der Pudding	budyń
das Puddingpulver	budyń w proszku
die Schokolade	czekolada
das Bonbon, -s	cukierek
die Süßigkeit, -en	słodycz

Getränke Napoje

der Kaffee	kawa
der Tee	herbata
der Kakao	kakao
die Milch	mleko
das Mineralwasser	woda mineralna
der Orangensaft	sok pomarańczowy
der Rotwein	wino czerwone
der Weißwein	wino białe
der Sekt	wino musujące
das Bier	piwo

Inne napoje, których możesz potrzebować:

Hören 16		Andere Wörter / Inne słowa
kein, keine, keines	Er ist ledig. Er hat ... Frau.	żaden
jeder (jede)	Alle Kinder von Familie Hoffmann bekommen ein Eis. = ... Kind. Svetlana, Nelly, Friedrich, Julia und Artur bekommen ein Eis.	każdy
zusammen	Der Sprachkurs schreibt einen Einkaufszettel. Sie schreiben	razem
gerne	Was trinken Sie ..... ?	chętnie
doch	„Was machen wir? Hast du eine Idee?" - „Kochen wir ....?"	jednak
einverstanden	„Ja, gerne!" = „o.k." = ...	zgoda
dann	„Wir haben kein Geld." - „... laden wir Sie ein."	w takim razie
rot	Tomaten sind ...	czerwony
gelb	Bananen sind ...	żółty
selbst	„Kaufen Sie Brot?" - „Nein, ich backe es ..."	sam
denn	Ich backe Fladenbrot. - Was ist ... das?	właściwie
gefüllt	In den Piroggen ist Hackfleisch. Sie sind	faszerowany
gebraten	Auf den Piroggen ist Öl. Sie sind ...	smażony
abends	... um 18.00 Uhr sind wir zu Hause.	wieczorami
normal	Frikadellen sind in Deutschland keine Spezialität. Sie sind ...	normalny

Hören 17		Ausdrücke / Wyrażenia
es gibt	Was g... e... zu essen? - E... g... belegte Brote.	jest, są
eine gute Idee	Was machen wir heute? - Wir gehen ins Restaurant. - Auja, das ist	dobry pomysł
zu Hause	„Gehst du heute in die Stadt?" - „Nein, heute bin ich ... ."	w domu

Abschnitt 2 Einkaufen
Część 2 Na zakupach

Hören 18		Verben / Czasowniki
hineinstecken, steckt hinein	Herr Moreno ... die Karte in den Computer ...	wsadzać
anzeigen, zeigt an	Der Computer ...: „Guten Tag."	pokazywać
eingeben, gibt an	Herr Moreno ... die Zahl ...	wprowadzać
drücken	Er ... auf die Taste	wciskać
wiederholen	Er lernt das Nomen, dann ... er das Nomen.	powtarzać
versuchen	experimentieren, testen = ...	próbować
auswählen, wählt aus	Es gibt rote, grüne und gelbe Paprikas. Er ... die roten Paprikas ...	wybierać
bestätigen	Er sagt: „Ja, das ist richtig." - Er ...	potwierdzać
warten	Viele Leute stehen an der Kasse. Sie ...	czekać
öffnen	Der Supermarkt ... um 8.00 Uhr. Bitte ... Sie das Fenster.	otwierać
ergänzen	Bitte ... Sie das Personalpronomen: „Ich gehe."	uzupełniać
einkaufen, kauft ein	Ich ... im Supermarkt ... - Was ... Sie ...? - „Ich ... eine Packung Kaffee ...	robić zakupy
legen	Er ... die Zwiebeln in den Wagen. Er ... das Buch auf den Tisch.	kłaść
reißen	Die Tüten kleben zusammen auf einer Rolle. Ich ... eine Tüte von der Rolle.	rwać, drzeć
füllen	Ich gebe Hackfleisch in die Tüte. = Ich ... das Hackfleisch in die Tüte.	napełniać
verschließen	Sie öffnet die Tüte und füllt Hackfleisch in die Tüte, dann ... sie die Tüte.	zamykać
kleben	Ich ... den Zettel auf die Tüte.	przyklejać, sklejać
abwiegen, wiegt ab	Ich ... die Tomaten auf der Waage...	ważyć, odważać
mitnehmen, nimmt mit	Er ... Schokolade für die Kinder ... Sie ... die Tasche in den Supermarkt ...	brać (ze sobą)
bezahlen	An der Kasse ... wir	płacić
Hören 19		**Nomen / Rzeczowniki**
die Bank, -en	Geld hole ich auf der ...	bank
die Geheimzahl, -en	Ich gebe die ... in den Computer ein.	kod PIN
die Taste, -n	Ich drücke die ...: „Bestätigen."	przycisk
die Korrektur, -en	Das ist falsch. Ich drücke die Taste: „....".	korekta
der Betrag, -äge	Ich brauche 100 Euro. Am Computer wähle ich den ...: 100 Euro.	kwota

der zehn Euroschein, -e	10 Euro gibt es in einem	banknot o wartości 10 €
der Supermarkt, -ärkte	Lebensmittel kaufen wir im ...	supermarket
der Einkaufswagen, -	Im Supermarkt legen wir die Lebensmittel in den ...	wózek na zakupy
die Gemüseabteilung, -en	Im Supermarkt kaufen wir Gemüse in der ...	dział z warzywami
der Sack, -äcke	Kartoffeln gibt es in einem ...	worek
die Plastiktüte, -n / die (Papier-)tüte, -n / die Baumwolltasche	Gemüse füllen wir im Supermarkt oft in eine ... An der Kasse bekommen wir für 50 Cent eine ... oder für 1 Euro eine ...	siatka plastikowa, torba bawełniania
die Rolle, -n	In der Gemüseabteilung gibt es eine ... mit kleinen Tüten für das Gemüse.	rolka
die Waage, -n	Das Gemüse wiegen wir mit einer ... ab.	waga
der Zettel, -	Aus der Waage kommt ein kleiner ... mit Gewicht und Preis. Ich klebe den ... auf die Ware.	kartka
die Frischtheke, -n	Fleisch, Käse und Fisch kaufe ich an der ...	lada sklepowa
die Verkäuferin, -innen	An der Frischtheke steht eine ...	sprzedawczyni
der Verkäufer, -	Wir kaufen das Auto. Wo ist der ...	sprzedawca
das Sonderangebot, -e	110 gr. Schinken kosten hier 3,50 Euro. Aber heute kostet er 2,99 Euro. Er ist im ...	specjalna oferta, okazja
der Preiszettel, -	Auf dem Joghurt klebt ein Zettel, Auf dem Zettel steht 90 Cent. Das ist ein ...	etykieta z ceną
die Kasse, -n	Wir bezahlen an der ...	kasa
die Ware, -n	Lebensmittel, Autos, Pullover und vieles andere sind ...	towar
das Band, -änder	An der Kasse legen wir die Waren auf das ...	taśma
die Kassiererin, -innen	Die Frau an der Kasse ist eine ...	kasjerka
der Kassierer, -	Der Mann an der Kasse ist ein...	kasjer
der Preis, -e	Wie viel kostet das? - Der ... ist 15 Euro.	cena

Hören 20 Andere Wörter / Inne słowa

richtig	stimmt = ...	zgadza się, prawda
falsch	stimmt nicht = ...	nie zgadza się, fałsz
lange	„Wie viel Zeit brauchen Sie?" - „Ich brauche viel Zeit." = Ich brauche ...	długo
auch	Hier gibt es Paprikas und Tomaten. Hier gibt es aber ... Obst.	też, również
gerade	Was machen Sie jetzt? = Was machen Sie ...	teraz
besonders	sehr = ...	szczególnie, bardzo
günstig	nicht teuer = ...	w korzystnej cenie
voll	Ich habe keinen Platz im Einkaufswagen. Der Einkaufswagen ist...	pełny

		Ausdrücke / Wyrażenia
noch einmal	Bitte wiederholen Sie = Bitte sagen Sie es ...	jeszcze raz
einen schönen Feierabend!	Nach der Arbeit haben Sie Feierabend. Die Verkäuferin wünscht: „...“	miłego fajrantu (typowe pozdrowienie wypowiadane przez pracowników po pracy)

Abschnitt 3 - Was machen wir nicht?

Część 2 Czego nie robimy?

Hören 21		Verben / Czasowniki
frühstücken	Er isst ein Frühstück. = Er ...	jeść śniadanie
mögen	Ich --- keine Erbsen.	lubić
reparieren	Das Auto ist kaputt. Er ... das Auto.	naprawiać
treffen	Er sieht Frau Jonosa auf der Straße. - Er ... Frau Jonosa.	spotykać
spazieren gehen	Er geht eine Stunde im Park. = Er geht...	spacerować
mitgehen, geht mit	Ich gehe ins Kino. Kommst du auch? = ... du ...?	iść razem z kimś
schwimmen	Im Sommer gehen wir oft ...	pływać
arbeiten	Eine Kassiererin ... an der Kasse.	pracować
aufstehen, steht auf	Am Morgen ... ich ...	wstawać
waschen	Ich stehe am Morgen auf, dann ... ich mich, dann frühstücke ich.	myć
fahren	Ich ... Auto	jechać
abspülen, spült ab	Nach dem Essen ... ich das Geschirr ...	zmywać (naczynia)
bügeln	Nach dem Waschen ... ich die Wäsche.	prasować
kochen	Das Essen ... ich in der Küche.	gotować
putzen	Die Wohnung ... ich.	sprzątać
Hören 22		Nomen / Rzeczowniki
der Samstag, -e	Am ... arbeiten viele Menschen nicht, aber die Geschäfte sind geöffnet.	sobota
der Mittag, -e	Um 12.00 Uhr ist ...	południe
der Hamburger, -	Ein Brötchen mit einer Frikadelle ist ein ...	hamburger
der Sonntag, -e	Am ... arbeiten die Menschen nicht.	niedziela
das Auto, -s	Ich fahre mit dem ...	samochód
die Lust (kein Plural)	Ich möchte heute nicht. Ich habe keine ...	ochota
das Bett, -en	Ich schlafe in einem ...	łóżko
das Theater, -	Im ... sehen wir Hamlet oder Faust.	teatr
das Kino, -s	Im ... sehen wir einen Film.	kino
das Konzert, -e	Im ... hören wir Musik.	koncert
der Brief, -e	Ich schreibe an eine Freundin einen	list
das Geschirr (kein Plural)	Nach dem Essen wasche ich ... ab.	naczynia

die Wäsche (kein Plural)	Textilien sind ...	pranie
Weitere Wörter zum Thema „Essen und Trinken"	Więcej słownictwa z kategorii „Jedzenie i picie"	
die Nudel, -n		makaron
der Kuchen, -		ciasto
Hören 23		Andere Wörter / Inne słowa
gesund	Viel Öl. Margarine und Butter ist nicht ...	zdrowy
lieber	Ich gehe nicht ins Theater. Ich gehe ... ins Kino.	chętniej
dick	Er isst viel. Er ist ...	gruby
müde	Sie schläft nicht. Sie ist...	zmęczony
nicht	Er hat keine Zeit. Er kommt ...	nie (przeczenie czasownika)
allein	Er geht nicht mit seiner Frau zusammen. Er geht ...	sam
früh	Sie steht um fünf Uhr auf. Sie steht ... auf.	wcześnie

Abschnitt 4 Im Restaurant

Część 4 W restauracji

Hören 24

		Verben / Czasowniki
empfehlen	Was ... Sie mir? Äpfel oder Birnen?	polecać
schmecken	Das Essen ist gut. = Das Essen... gut.	smakować
abräumen, räumt ab	Nach dem Essen... die Kellnerin den Tisch...	sprzątać, zgarniać
		Nomen / Rzeczowniki
der Kellner, - die Kellnerin, -innen	Der ... oder die ... arbeitet in einem Restaurant. Anderes Wort: der Servierer / die Serviererin	kelner, kelnerka
die Speisekarte, -n	Was gibt es zu essen? - Lesen Sie die ...	karta dań
die Vorspeise, -n	Im Restaurant gibt es zuerst die ...	przystawka
die Hauptspeise, -n	Nach der Vorspeise gibt es die ...	danie główne
die Nachspeise, -n	Nach der Hauptspeise gibt es die ...	deser
das Dessert, -s	Die Nachspeise heißt auch ...	deser
der Appetit	Es schmeckt. Er hat ...	apetyt
Guten Appetit!	Beim Essen wünschen wir :„Guten Appetit"	Smacznego!
Hören 25		Andere Wörter / Inne słowa
frisch	Das Gemüse ist nicht alt. = Das Gemüse ist ...	świeży

Weitere Wörter zum Thema Essen und Trinken: Die Speisen und Getränke im Restaurant Więcej słownictwa z kategorii „Jedzenie i picie": Potrawy i napoje w restauracji	
das Rindsbouillon, die Rindsuppe, -n	bulion wołowy, zupa wołowa
der Toast, -s	tost
der Hering, -e	śledź
der Thunfisch, -e	tuńczyk
die Ananas	ananas
das Schnitzel	sznycel
die Pommes Frites, -(Plural)	frytki
der Schweinebraten, -	pieczeń wieprzowa
der Zwiebelrostbraten	rostbef z cebulą
der Semmelknödel, -	knedle
das Sauerkraut	kapusta kwaszona
das Steak, -s	stek
der Sauerbraten, -	pieczeń wołowa w sosie
die Krokette, -n	krokiet (ziemniaczany)
das Apfelmus (kein Plural)	mus jabłkowy
das Rinderfilet, -s	filet wołowy
das Brathähnchen, -	kurczak pieczony (w całości)
der Reis	ryż
das Schollenfilet	filet z gładzicy (rodzaj flądry występujący w Bałtyku)
die Bratkartoffel, -n	smażony ziemniak
die Fischplatte, -n	talerz/półmisek pełen (różnych) ryb
das gemischte Eis	mieszanka lodów o różnych smakach
die Sahne (kein Plu-ral)	śmietana
der Erdbeerbecher	pucharek lodów truskawkowych
die Nuss, -üsse	orzeszki
das Schweinesteak Hawaii	stek wieprzowy (kotlet) po hawajsku
das Paprikaschnitzel	sznycel z sosem paprykowym
das Alster/das Radler	radler, shandy (ang.)

Abschnitt 5 Auf der Bank
Część 5 W banku

Hören 26		Verben / Czasowniki
überweisen	Geld von einem Konto auf ein anderes Kono legen. = ...	przelewać
kündigen	einen Vertrag beenden = ... Beispiele: Dauerauftrag, Wohnung, Arbeit...	wypowiadać
unterschreiben	Ich schreibe meinen Namen auf ein Dokument. Ich ...	podpisywać
eröffnen	Ich möchte ein Konto haben. Ich ... ein Konto.	otwierać
einrichten, richtet ein	Ich möchte einen Dauerauftrag haben. Ich ... einen Dauerauftrag...	utworzyć
einzahlen, zahlt ein	Ich gebe 250 Euro auf ein Konto. Ich ... 250 Euro ...	wpłacać
abheben, hebt ab	Ich nehme 400 Euro von meinem Konto. Ich ... 400 Euro von meinem Konto ...	wypłacać
wechseln	Ich möchte 100 Euro in Zehneuroscheine ... Ich bekomme zehn Scheine.	wymieniać

Hören 27		Nomen / Rzeczowniki
die Miete, -n	Ich wohne in einer Wohnung. Ich bezahle ...	czynsz
das Überweisungsformular, -e	Ich überweise die Miete. Ich brauche ein ...	formularz do przelewu
der Monat, -e	Ein ... hat 30 oder 31 Tage.	miesiąc
der Dauerauftrag, -äge	Ich überweise jeden Monat Geld an den Vermieter. Ich brauche einen ...	zlecenie stałe
der Bankangestellte, -n	Der ... arbeitet auf der Bank.	pracownik banku
die Bankangestellte, n	Die ... arbeitet auf der Bank.	pracownica banku
das Konto, die Konten	Mein Geld liegt auf dem ...	konto
die Kontonummer, -n	Jedes Konto hat eine ...	numer konta
der Vermieter, - die Vermieterin, -innen	Miete bezahlen wir an den ... oder die ...	wynajmujący,
die Bankleitzahl, -en	Jede Bank hat eine ...	wynajmująca
der Empfänger, -	Ich überweise Herrn Müller 200 Euro. Herr Müller ist der ...	kod banku
das Kreditinstitut, -e	Banken und Sparkassen sind...	odbiorca
der Verwendungszweck, -e	Ich überweise 700 Euro für die Waschmaschine. Ich schreibe auf die Überweisung den ...: „Rechnungsnummer 1007, Juni 2021, Waschmaschine."	instytucja kredytowa
der Auftraggeber, -	Herr Jung überweist dem Elektrogeschäft 900 Euro. Herr Jung ist der ...	tytuł przelewu
die Unterschrift, -en	Herr Alt unterschreibt das Formular. Das ist die ... von Herrn Alt.	zleceniodawca
das Elektrogeschäft	Im ... kaufen wir Fernseher, Radios, Computer, Kaffeemaschinen.	sklep z art. elektrycznymi
die Waschmaschine, -n	Die Wäsche waschen wir mit einer ...	pralka

das Bargeld (kein Plural)	Geldscheine sind...	gotówka
die Rückseite, -en	Die Nummer der Kreditkarte steht auf der ...	tył, odwrotna (druga) strona
Hören 28		Andere Wörter / Inne słowa
die nächsten Monate	Jetzt ist Februar. ... sind März, April, Mai, Juni.	następne/kolejne miesiące
per	Ich überweise ... Dauerauftrag. Ich bezahle... Scheck.	przez, za pomocą (w jęz. pol. używamy w tym celu narzędnika)
automatisch	Mit einem Dauerauftrag bekommt mein Vermieter jeden Monat ... die Miete.	automatycznie
wann?	... kommen Sie? - Ich komme am Montag.	kiedy?
wieviel?	Das ist eine schöne Waschmaschine. ... kostet sie?	ile?
jederzeit	„Wann soll ich kommen? Bitte geben Sie mir einen Termin". - ..... Sie brauchen keinen Termin."	o każdej porze, w każdej chwili
wichtig	Ihre Unterschrift ist Ihre Identität. Die Unterschrift ist ...	ważny
billig	nicht teuer ...	tani
leider	„Haben Sie heute frische Kartoffeln?"- „Nein, ... haben wir keine."	niestety
bar	Ich bezahle mit einem Geldschein. Ich bezahle ...	gotówką
in Ordnung	einverstanden =	w porządku
der Erste im Monat	... ist der 1. Januar, der 1. Februar, der 1. März usw.	pierwszy dzień w miesiącu
das geht in Ordnung	Wir machen das. Es gibt keine Probleme. = ...	w porządku
Bescheid sagen	Der Geldautomat ist kaputt. Wir gehen auf die Bank und ...	dać znać

Kapitel 3 Mobilität
Rozdział 3 Mobilność

Abschnitt 1 Am Wochenende
Część 1 W weekend

Hören 29		Verben / Czasowniki
(sich) unterhalten, unterhält sich	Zwei Menschen sprechen miteinander. Sie ... sich.	rozmawiać
(sich) ausruhen, ruht sich aus	Ich arbeite nicht. Ich sitze hier und ... mich...	odpoczywać
schlafen, schläft	Abends gehen wir ins Bett und ...	spać
kaputtgehen, geht kaputt	Vergiss das Öl nicht. Sonst ... das Auto ...	zepsuć się
kennen	Er vergisst immer das Öl. Das ... ich schon.	znać
vorlesen, liest vor	Der Vater ... der kleinen Julia ein Märchen aus dem Buch ...	czytać na głos
wandern	lange spazieren gehen ...	wędrować
erzählen	Er hat kein Märchenbuch. Er ... das Märchen.	opowiadać
vorbereiten, bereitet vor	Der Vater ... das Essen ...	przygotowywać
schneiden	Er ... das Brot.	kroić, ciąć
decken	Er ... den Tisch.	nakrywać
aufhängen, hängt auf	Svetlana ... das Bild ...	wieszać
stricken	Ihr Hobby ist Pullover ...	robić na drutach
packen	Svetlana ... die Kühltasche. Frau Hoffmann ... das Paket.	pakować
halten, hält	1. Die Thermoskanne ... den Tee heiß. 2. „...!" - ruft Frau Hoffmann. 3. Friedrich ... ein Buch in der Hand.	1. utrzymać 2. zatrzymać 3. trzymać
anhalten, hält an	Das Auto ... vor dem Gartentor ...	zatrzymywać się, stawać
glauben	Das ist eine gute Waschmaschine. - Das ... ich nicht. Sie ist so billig.	wierzyć, sądzić
werben, wirbt	Die Firma ... mit einem guten Preis.	reklamować
tragen, trägt	Die Mutter ... die Gartenstühle und der Vater ... den Gartentisch.	nosić
vergessen, vergisst	Wir haben keine Butter. Immer .... du die Butter.	zapominać
losfahren, fährt los	Alles ist fertig. Wir	wyjeżdżać
steigen	Sie (Plural) .... in das Auto, dann ... sie aus dem Auto.	wsiadać, wysiadać
zuschlagen, schlägt zu	die Türe laut schließen = ...	trzaskać
rufen	„Hallo, wo bist du?" - ... er.	wołać
zurückgehen, geht zurück	Wir gehen spazieren. Um sechs Uhr ... wir wieder ...	wracać

ausgraben, gräbt aus	Er ... ein Gemüsebeet ...	wykopywać
graben, gräbt	Heute ... er im Garten.	kopać
helfen, er hilft	Die Mutter bäckt einen Kuchen. Artur ... der Mutter. Er rührt den Teig.	pomagać
ausmessen, er misst aus	Er ... die Wohnung ... Die Wohnung hat 80 Quadratmeter.	mierzyć
pflanzen	Svetlana ... die Tomaten in das Beet.	sadzić, zasadzać
raten, er rät	Friedrich ist krank. Die Mutter ....: „Geh zum Arzt."	radzić
lassen, er lässt	Beim Autofahren ... viele Autofahrer zu wenig Abstand.	zostawiać
dauern	Beim Arzt warten wir lange. Es ... oft ein bis zwei Stunden.	trwać
schreien	Julia hat eine Wunde. Sie ...	krzyczeć
laufen	schnell gehen = ...	biec
lachen	Auf dem Fest ... die Leute viel.	śmiać się
stehlen, er stiehlt	Nachts geht er in das Haus und nimmt den Computer mit. Das ist aber nicht sein Computer. Er .... den Computer.	kraść
stechen, er sticht	Ein Dorn ...	kłuć
sterben	Er ist sehr krank, aber er ... nicht.	umierać
anschwellen, es schwillt an	Die Wunde	puchnąć
mitspielen, er spielt mit	Julia und Nelly spielen Ball. Dann kommt Artur und	bawić się, grać (z kimś)
gelten, es gilt	Fußball spielen wir mit den Füßen. Die Regel ..., aber das Spielen mit den Händen ... nicht.	być ważnym, obowiązywać
meinen	Sie sagt: „Ich glaube, ich habe Zeit." = Sie ..., sie hat Zeit.	uważać
fallen, er fällt	Der Apfel ... vom Baum.	spadać
erschrecken, er erschrickt	Sie geht über die Straße. Ein Auto kommt. Sie ...	przestraszyć (się)
klettern	Sie ... auf den Baum, dann ... sie den Baum hinunter.	wspinać się
aufklappen, klappt auf	Wir ... die Gartenstühle ...	rozkładać
verderben, verdirbt	Fleisch ... in der Sonne.	psuć się
schmelzen, schmilzt	Eis ... in der Sonne.	topnieć, topić się
herbeilaufen, läuft herbei	Sie gehen schnell zu Tisch. Sie	podbiegać
brechen, bricht	Sie schneidet das Brot nicht, sie ... das Brot.	łamać
verteilen	Jeder bekommt ein Brot. Sie ... das Brot.	dzielić, rozdzielać
aufschneiden, schneidet auf	Die Mutter ... den Kuchen ...	rozkroić, rozcinać
eingießen, gießt ein	Der Sohn ... den Tee ...	wlewać

BRAWO! – Jeżeli znasz powyższe oraz znajdujące się w 1 i 2 rozdziale czasowniki, oznacza to, że znasz wszystkie mocne (=nieregularne) czasowniki w trybie teraźniejszym! W rozdziale 2.3 gramatyki znajdziesz kompletną listę tych czasowników.

Hören 30		Nomen / Rzeczowniki
das Café, -s	Im ... trinken wir Kaffee und essen Kuchen.	kawiarnia
die Arbeit, -en	Er arbeitet. Er hat eine ...	praca
der Schaufenster-bummel (kein Plural)	Wir gehen in der Stadt spazieren. Wir machen einen ...	spacerować oglądając wystawy sklepowe
das Wohnzimmer, -	Im ... Wohnzimmer sitzen wir abends und sehen fern.	salon
die Wohnung, en	Ein Haus hat eine ... oder viele	mieszkanie
der Garten, Gärten	Um das Haus liegt ein	ogród
die Kühltasche, -n	Eine Tasche für Butter, Käse, Fleisch und Wurst ist eine	torba termoizolacyjna
die Thermoskan-ne, -n	Der heiße Kaffee bleibt in der ... heiß.	termos
die Verpackung, en	Waren haben eine	opakowanie
die Werbung, en	Die Firma wirbt: Sie macht	reklama
der Gartenstuhl, -stühle	Im Garten sitzen wir auf einem	krzesło ogrodowe
der Gartentisch, -tische	Der Tisch im Garten heißt	stół ogrodowy
die Hand, Hände	Sie hat eine Tasse in der	dłoń
der Fußball, -bälle	Artur spielt gerne	piłka do piłki nożnej
die Stunde, -n	Er wartet eine ... auf sie.	godzina
das Gartentor, -e	Wir gehen durch das ... in den Garten.	brama do ogrodu
die Autotür, -türen	Wir öffnen die ... und steigen in das Auto.	drzwi samochodu
die Sache, -n	das Ding = die ...	rzecz, sprawa
das Gemüsebeet, -e	Wir pflanzen Gemüse in das	ogródek warzywny
das Beet, -e	Im Garten gibt es ein ... für Gemüse.	grządka
der Steckling, -e	Eine sehr junge Pflanze ist ein	sadzonka
der Abstand, -stände	Der Autofahrer hält ... bis zum nächsten Auto.	odstęp
die Pflanze, -n	Im Garten wachsen	roślina
der Dorn, -en	Eine Rose hat	cierń
der Finger, -	Die Hand hat fünf	palec
der Himbeerstra-uch, -sträucher	Himbeeren wachsen auf einem ...	krzew malinowy
die Himbeere, -n	Im Sommer gibt es Erdbeeren und	malina
der Mund, Münder	Sie steckt dem Kind Himbeeren in den	usta
die Wunde, -n	Der Dorn sticht das Kind. Das Kind hat eine ... am Finger.	rana
der Ball, Bälle	Der Fußball ist ein	piłka
die Spielregel, -n	Zum Spielen brauchen wir Regeln. Das sind	zasady gry
der Baum, Bäume	Äpfel wachsen auf	drzewo
der Kopf, Köpfe	Der Apfel fällt Artur auf den	głowa
der Korb, Körbe	Svetlana pflückt Äpfel und legt sie in einen	kosz
das Tischtuch, -tücher	Auf dem Tisch liegt ein	obrus

die Sonne, -n	Das Wetter ist schön. Es gibt	słońce
das Stück, -e	Sie schneidet das Brot in	kawałek
Hören 31		Andere Wörter / Inne słowa
miteinander	zusammen = ...	razem
kaputt	Das Auto fährt nicht. Das Auto ist ...	zepsuty
manchmal	Er kommt nicht oft, aber er kommt. Er kommt ...	czasami
morgens	am Morgen = ...	każdym rankiem
vormittags	am Vormittag = ...	każdego przedpołudnia
mittags	am Mittag = ...	każdego południa
nachmittags	am Nachmittag = ...	każdego popołudnia
abends	am Abend = ...	każdego wieczoru
gemütlich	Wir sitzen abends im Wohnzimmer und sprechen miteinander. Es ist schön. = Es ist	przytulny
bestimmt	Der Zug kommt jeden Morgen. Er kommt ... auch heute Morgen.	z pewnością, na pewno
ruhig	Ich habe nicht viel Arbeit. Es ist	spokojnie
derselbe, dieselbe, dasselbe	Er erzählt das Märchen heute Morgen und er erzählt ... Märchen auch heute Abend.	ten sam, ta sama, to samo
draußen	Ich bin nicht im Haus. Ich bin	na zewnątrz
heiß	Er kocht den Kaffee. Der Kaffee ist	gorący
viertel	1/4 = ein	kwadrans, ćwierć
laut	Sie ruft. = Sie spricht	głośno
gemeinsam	zusammen, miteinander = ...	wspólnie
besser	Das alte Auto fährt gut. Aber das neue Auto fährt	lepiej
paar	Ich habe nicht viele Äpfel. = Ich habe ein ... Äpfel. (Was einen Plural hat: „paar") **Aber:** Ich habe nicht viel Geld. = Ich habe ein bisschen Geld. (Was keinen Plural hat: „ein bisschen")	parę
schlimm	Sie ist sehr krank. Sie hat eine ...-e Wunde. Das ist	zły
vorsichtig	Der Autofahrer hält Abstand. Er ist	ostrożny
eben	„Ich habe keine Zeit." - „Gut. Dann komme ich ... nicht."	właśnie, po prostu
fertig	Er bereitet das Essen vor. Nach einer Stunde ist das Essen	gotowy
schnell	Er hat keine Zeit. Er läuft	szybko
lauwarm	Der Tee ist nicht mehr heiß. Er ist	letni
Hören 32		Ausdrücke / Wyrażenia
zu Mittag/ zu Abend essen	Mittags essen wir ... , abends essen wir	na obiad, na kolację
auf dem Land	Ich wohne nicht in der Stadt. Ich wohne	na wsi
stundenlang	Er wartet schon sehr lange. = Er wartet	godzinami, od paru godzin
Was ist los?	Sie schreit. Ich möchte helfen und sage: ...	Co się dzieje?
Na und.	Ich habe morgen keine Zeit, = ..., dann treffen wir uns eben heute.	No i co (z tego)?

Abschnitt 2 Ein Auto kaufen.

Część 2 Kupno samochodu

Hören 33		Verben / Czasowniki
herumgehen, geht herum	ohne Plan gehen = ...	chodzić w koło, krążyć
anschauen, schaut an	eine Sache genau sehen = ...	oglądać
halten, hält	Das Auto ist schnell kaputt. Es ... nicht lange.	(wytrzymać)
(sich) interessieren (für)	Er möchte das Auto vielleicht kaufen. Er ... sich für das Auto.	interesować się czymś
(Gang) einlegen, legt ein	Er geht vom ersten Gang zum zweiten Gang. Er ... den zweiten Gang	włączać (bieg)
loslassen, lässt los	Er hält den Ball nicht mehr. Er ... den Ball	puszczać
ausfüllen, füllt aus	Ein Formular, einen Antrag, einen Vertrag ... wir	wypełniać
anmelden, meldet an	Sie machen einen Sprachkurs. Zuerst ... Sie sich	zapisać się, zameldować się
abmelden, meldet ab	Sie bekommen jeden Morgen die Zeitung. Sie möchten die Zeitung nicht mehr. Sie ... die Zeitung	wypisać się, rezygonować, wymeldować się
ummelden, meldet um	Sie haben eine neue Wohnung. Sie ... sich auf der Gemeinde	przemeldować się
zulassen, lässt zu	Das ist mein Auto. Ich ... das Auto auf meinen Namen	rejestrować
Hören 34		**Nomen / Rzeczowniki**
das Problem, -e	Eine Sache ist schwer für mich. Ich habe ein	problem
die Münze, -n	Ein Euro ist eine	moneta
der Fuß, Füße	Er drückt mit dem ... auf das Gas.	stopa
der Vertrag, Verträge	Ich kaufe ein Haus. Ich mache einen	umowa
der Schlüssel, -	Die Tür hat einen	klucz
Hören 35		**Andere Wörter / Inne słowa**
vielleicht	nicht sicher = ...	może
wirklich	„Bitte glaube mir. Ich habe ... keine Zeit."	naprawdę
abgelaufen	Der Pass gilt fünf Jahre. Er ist von 2015. 2020 ist er	nieważny
ziemlich	sehr = ...	dość
ohne	Er hat keine Freunde. Er ist ... Freunde.	na pewno
gepflegt	Er wäscht sich und seine Kleidung ist in Ordnung. Er ist	bez
kurz	nicht lang = ...	zadbany
ruhig	nicht laut = ...	krótko
zufrieden	Ich habe keine Probleme. Ich bin	cicho
bald	Sie braucht in kurzer Zeit Arbeit. = Sie braucht ... Arbeit.	zadowolony
		Ausdrücke / Wyrażenia
Gute Fahrt!	Sie fahren mit dem Auto. Wir wünschen	Szerokiej drogi!

Abschnitt 3 Termine
Część 3 Ważne spotkania

Hören 36		Verben / Czasowniki
müssen, (ich muss, du musst, er muss, wir müssen, ihr müsst, sie müssen)	„Svetlana, mach die Hausaufgaben!" - Svetlana ... die Hausaufgaben machen.	musieć
wecken	„Steh auf, Artur", sagt der Vater. Der Vater ... Artur.	budzić
anziehen, zieht an	Am Morgen stehen wir auf und ... Kleider ...	ubierać, zakładać
ärgern, (ich ärgere, du ärgerst, er ärgert, wir ärgern, ihr ärgert, sie ärgern)	Er macht keinen Spaß, er .... den Freund.	irytować, złościć
aufpassen, passt auf	1. Sei vorsichtig! = ...! 2. Die Tagesmutter ... auf Julia	1. uważać 2. pilnować (dzieci)
wissen (ich weiß, du weißt, er weiß, wir wissen, ihr wisst, sie wissen)	Wo ist Frau Hoffmann? Wer ... das?	wiedzieć
erinnern (wie ärgern, ich erinnere, du erinnerst...)	Der Vater ... Artur an das Fußballtraining.	przypominać
Hören 37		**Nomen / Rzeczowniki**
das Krankenhaus, -häuser	Sie ist krank und bekommt eine Operation. Sie ist im ...	szpital
die Uhr, -en	Die ... sagt uns die Zeit.	zegar
die Hausaufgabe, -n	Die Kinder bekommen in der Schule für nachmitta-gs ...	zadanie domowe
der Nachbar, -n	Er wohnt neben uns. Er ist unser ...	sąsiad
die Nachbarin, -nen	Sie wohnt neben uns. Sie ist unsere ...	sąsiadka
der Förderunterricht (kein Plural)	Friedrich ist in der Schule. Er spricht noch schlecht Deutsch. Dienstag und Donnerstag geht er nachmittags zu einer Lehrerin und lernt dort Deut-sch. Er bekommt ...	zajęcia wyrównawcze
der Verein, -e	Artur spielt Fußball in einer Gruppe. Sie spielen nicht in der Schule, sie spielen im ...	związek, klub, stowarzy-szenie
der Sport (kein Plural)	Fußball ist ein ...	sport
das Klavier, -e	Svetlana macht Musik. Sie spielt ...	fortepian
der Musikunterricht	Sie lernt ein Instrument. Sie bekommt ..., aber auch in der Schule gibt es für alle ...	lekcja muzyki
Hören 38		**Andere Wörter / Inne słowa**
um 10 Uhr	Er kommt ... nach Hause, also genau zu dieser Zeit.	o dziesiątej
10 Uhr	10:00 Uhr	dziesiąta
viertel vor 10	9:45 Uhr oder 21:45 Uhr	za piętnaście dziesiąta

viertel nach 10	10:15 Uhr oder 22:15 Uhr	piętnaście po dziesiątej
5 Minuten vor 10	9:55 oder 21:55 Uhr	za pięć dziesiąta
5 Minuten nach 10	10.05 oder 22:05	pięć po dziesiątej
bevor	Frau Hoffmann geht um zehn Uhr ins Krankenhaus. Um neun Uhr spricht sie mit ihrer Familie. ... sie ins Krankenhaus geht. spricht sie mit ihrer Familie.	zanim, dopóki
brav	Das Kind macht seine Hausaufgaben, hilft Vater und Mutter und ist freundlich. Das Kind ist ...	grzeczny
pünktlich	Sie hat einen Termin um zehn Uhr. Sie kommt genau um 10.00 Uhr. Sie ist ...	punktualny
nach Hause	Nach dem Sprachkurs gehen sie ...	do domu

Abschnitt 4 Versicherungen
Część 4 Ubezpieczenia

Hören 39		Verben / Czasowniki
aufschreiben, schreibt auf	Herr Jonosa ... die Adresse der Verbraucherzentrale ...	zapisywać
hereinkommen, kommt herein	Herr Moreno öffnet die Türe. Herr Bauer sagt: ... Sie ...	wchodzić
versichern	Herr Moreno hat ein neues Auto. Er möchte das Auto ...	ubezpieczać
(sich) richten (nach)	Der Preis der Versicherung ... sich nach dem Tarif der Versicherung.	dostosowywać się (do kogoś/czegoś)
sinken	Heute kostet das Benzin 1,59 Euro. Morgen ... der Preis auf 1,39 Euro.	spadać
erklären	Ich verstehe diese Tarife nicht. Bitte ... Sie mir das.	wyjaśniać
schätzen	Ich weiß nicht genau, wie viel das neue Auto kostet. Aber ich ... es kostet ungefähr 20 000 Euro.	szacować
ausmachen, macht aus	Herr Jonosa telefoniert mit der Verbraucherzentrale. Er ... einen Termin	ustalać
(sich) lohnen	Diese Versicherung kostet 5 000 Euro im Jahr. Mein Auto kostet aber nur 2 500 Euro. Das ... sich nicht.	opłacać (się)
beenden	Herr Bauer spricht am Telefon. Er sagt: „Auf Wiedersehen." Er ... das Telefongespräch.	zakończyć

Hören 40		Nomen / Rzeczowniki
das Beratungsgespräch, -e	Herr Moreno fragt die Verbraucherzentrale nach Versicherungen. Er hat ein ...	porada, konsultacja
das Pech (kein Plural)	Sie hat kein Glück. Sie hat ...	pech
der Fahranfänger, -	Er fährt noch nicht lange Auto. Er ist ein ...	początkujący kierowca
die Marktübersicht, -en	Ich möchte etwas über Waschmaschinen wissen. Ich lese eine ... Dort stehen die Preise der Waschmaschinen und die Qualität der Waschmaschinen.	przegląd rynku
die Broschüre, -n	Ein kleines Informationsheft ist ein3 ...	broszura

die Großstadt, -städte	München, Frankfurt, Hamburg, Hannover, Berlin sind...	duże miasto
die Schuld (kein Plural)	Wer bei einem Unfall ... hat, bezahlt den Schaden.	wina
die Reparatur, -en	Ich repariere das Auto. Die ... ist teuer.	naprawa
die Verletzung, -en	Die Dornen stechen das Kind. Das Kind hat eine ...	rana
der Diebstahl, -stähle	Ein Mann stiehlt den Computer in Herrn Müllers Haus. Herr Müller hat keine Versicherung. Dieser ... ist nicht versichert.	kradzież
das Gespräch, -e	Ich spreche mit dem Arzt. Ich habe ein ...	rozmowa
das Telefongespräch, -e	Ich telefoniere mit meiner Freundin. Ich habe ein ...	rozmowa telefoniczna
die Ausbildung, -en	Svetlana geht zur Schule. Sie ist in der ...	nauka zawodu
das Fahrrad, -räder	Die Kinder fahren mit dem ... oder mit dem Bus zur Schule.	rower
das Mietshaus, -häuser	Frau Hoffmann zahlt jeden Monat Miete. Ihre Wohnung ist ein ...	dom czynszowy
das Schloss, Schlösser	Ich schließe meine Haustüre mit einem Schlüssel. Die Haustüre hat ein ...	zamek
die Zeitschrift, -en die Zeitung, -en	Eine ... gibt es nicht jeden Tag. Ich bekomme sie jede Woche oder jeden Monat oder alle drei Monate neu, aber die ... erhalte ich jeden Tag.	czasopismo
der Unterschied, -e	Die Menschen sind nicht gleich. Da gibt es ...	różnica
der Rat, die Ratschläge	Welche Versicherung ist für mich günstig? Bitte geben Sie mir einen	rada

Hören 41

Fachwörter zum Thema „Versicherung"
Specjalistyczne słownictwo z kategorii „Ubezpieczenia"

die Versicherung, -en	ubezpieczenie
die Verbraucherzentrale, -n	federacja konsumencka
die Kraftfahrzeugversicherung	ubezpieczenie samochodu
der Tarif, -e	taryfa
der Schadensfall, -fälle	przypadek szkody, roszczenie
die Tabelle, -n	tabela
der Autoversicherer, -	ubezpieczyciel samochodowy
der Unfall, -fälle	wypadek
die Abschleppkosten (Plural)	koszty holowania
das Schmerzensgeld (kein Plural)	odszkodowanie
die Krankenkasse -n	kasa chorych
das Gutachten, -	orzeczenie
der Gutachter,	rzeczoznawca
die Gutachterin	rzeczoznawczyni
der Mietwagen, -	wynajęty samochód
die Selbstbeteiligung, -en	udział własny
die Laufzeit, -en	czas trwania
die Kündigungsfrist, -en	okres wypowiedzenia
der Kündigungstermin, -e	termin wypowiedzenia
die Beratung, -en	porada
der Unfallgegner, -	uczestnik wypadku, który wnosi roszczenia lub przeciwko któremu wnoszone są roszczenia

Hören 42

Andere Wörter / Inne słowa

wenn	Ich habe vielleicht morgen Zeit. ... ich morgen Zeit habe, dann gehe ich einkaufen.	kiedy, jeśli
dieser - diese - dieses - diesen....	Ist ... Bus richtig? - Ja, er fährt zur Schule.	ten, ta, to, te
also	Sie haben ein neues Auto. SIe brauchen ... eine Haftpflichtver-sicherung.	zatem, więc
verschieden	Da ist ein Unterschied. Diese zwei Menschen sind ...	różny
seriös	Das ist kein Betrüger. Der Mann ist ...	poważny
natürlich	Haben Sie Zeit? Ja, ... Ich habe immer Zeit.	oczywiście
unfallfrei	ohne Unfall = ...	bezwypadkowy
meistens	nicht immer, aber sehr oft = ...	zazwyczaj
hoch	Das ist aber teuer. Der Preis ist ...	wysoki
folgender - folgende - folgendes - folgenden...	Ich sehe den Film nach den Nachrichten. Ich sehe den ... Film.	następujący
eigentlich	Er hat ... keine Zeit. Aber er hilft seinem Freund ein paar Minuten.	właściwie
eigener - eigene - eigenes - eigenen	Ich kaufe das Auto. Das ist jetzt mein ... Auto.	własny
kostenlos	Für diese Broschüre bezahle ich nichts. Die Broschüre ist ...	bezpłatny

Kapitel 4 Wohnung
Rozdział 4 Mieszkanie

Abschnitt 1 Eine Wohnung suchen
Część 1 Szukanie mieszkania

Hören 43		**Modalverben / Czasowniki modalne**
können	1. Ich habe das Geld. Wir .... ein Auto kaufen. 2. Ich habe um 15.00 Uhr Zeit für Sie. Sie ... hier warten. Sie ... aber auch eine Stunde spazieren gehen. 3. Ich suche eine Wohnung. ... Sie mir helfen? 4. Frau Hoffmann sagt: „Meine Kinder ... schon sehr gut Deutsch sprechen. Svetlana ... Klavier spielen.	móc
wollen	1. Die Kinder schreien. Sie ... unbedingt ein Eis haben. 2. Familie Jonosa, Familie Moreno und Familie Hoffmann ... sich am Abend treffen.	chcieć
möchten	1.. „... Sie einen Kaffee?" - „Nein danke, ich trinke lieber Tee." 2. „Mama, darf ich einkaufen gene?" - „Nein, Artur. das ... ich nicht.- Du bist noch zu klein."	móc (w trybie przypuszczającym)
dürfen	1. „Mama, ... wir unsere Freunde besuchen?" - „Ja, ihr ... gehen." 2. Sie ... das Auto nicht ohne Kfz-Versicherung fahren. 3. „... ich bitte noch eine Tasse Kaffee haben?"- „Oh ja, bitte schön." Entschuldigung, ... ich Sie etwas fragen?" - „Ja, bitte."	mieć pozwolenie
müssen	1. Alle Menschen ... essen, trinken und schlafen. 2. Sie haben ein Auto. Sie ... eine Versicherung haben und Sie ... das Auto bei der Zulassungsstelle anmelden. In Deutschland ... alle Kinder in die Schule gehen. 3. Familie Mohamed hat kein Telefon. Gut, dann ... wir Familie Mohamed eben einen Brief schreiben.	musieć
sollen	1. Die Bibel sagt: „Du ... deinen Nächsten lieben wir dich selbst." 2. Das Jobcenter sagt, ich ... mich jede Woche melden. 3. Ist das richtig? Ich höre im Fernsehen, nächste Woche ... das Wetter schön werden.	mieć powinność

Hören 44 — Andere Verben / Inne czasowniki

mitzählen, zählt mit	Die Wohnung hat fünf Zimmer: Ein Wohnzimmer, ein Schlafzimmer, ein Kinderzimmer, ein Bad und eine Küche. - Aber das ist eine 3-Zimmer-Wohnung. Bad und Küche ... man nicht	liczyć się, uwzględniać
bedeuten	Was ... KM? - KM ist die Abkürzung für Kaltmiete.	znaczyć
wählen (die Telefonnr.)	Herr Jonosa ruft einen Vermieter an. Die Nummer lautet 3790. Er ... die Nummer.	wybierać
(sich) ansehen, sieht an	Familie Jonosa vereinbart einen Termin mit dem Vermieter. Sie wollen sich die Wohnung	oglądać
(sich) melden	Herr Hoffmann wählt die Nummer 04 678901245. Der Vermieter .... sich.	zgłaszać się
vorbeikommen, kommt vorbei	Herr Moreno möchte sich einen Gebrauchtwagen ansehen. Er findet in der Zeitung eine interessante Anzeige und ruft gleich bei dem Verkäufer an. Er macht mit dem Verkäufer einen Termin um 19.00 Uhr aus. Er ... ... und sieht sich die Wohnung an.	wpaść
nachsehen, sieht nach	Ich kenne den Weg nach Osterkappeln nicht. Ich ... bei Google Maps ... . Sie kennt das englische Wort für „Gespräch" nicht. Sie ... im Wörterbuch	sprawdzać
aussuchen, sucht aus	Herr Jonosa will eine 3-Zimmer-Wohnung finden. Er liest die Anzeigen in der Zeitung und ... eine Wohnung	wyszukiwać
sparen	Herr Jonosa zahlt jeden Monat 50 € auf sein Sparkonto ein. Er ... das Geld für ein Auto.	oszczędzać
weiterschicken, schickt weiter	Frau Jonosa schreibt einen Brief an den Vermieter. Sie schickt den Brief an die Zeitung. Die Zeitung ... den Brief an den Vermieter	przekazać, wysłać dalej
verlegen	Einen Teppichboden oder einen Laminatboden oder Parkett muss man ...	kłaść
diskriminieren	Wenn nicht alle Menschen gleich sind, wenn man zu manchen Menschen nicht so gut ist wie zu anderen, dann .... man diese Menschen. In Deutschland ist das verboten.	dyskryminować
herunterladen, lädt herunter = download	Wenn man Fotos, Texte oder Programme aus dem Internet auf den eigenen Computer lädt, dann .... man sie	ściągać (dane lub pliki z serwera)
hochladen, lädt hoch = upload	Wenn man Fotos ins Internet schickt, zum Beispiel auf eine Facebook-Seite, dann ... man sie	przesyłać (dane lub pliki na serwer)

Hören 45 — Nomen / Rzeczowniki

die Notwohnung, -en	Eine provisorische Wohnung, zum Beispiel für Asylbewerber.	mieszkanie tymczasowe
das Schlafzimmer, -	Vater und Mutter schlafen im	sypialnia
das Kinderzimmer,-	Die Kinder spielen und schlafen im ...	pokój dziecięcy
das Bad, Bäder oder: das Badezimmer, -	Die Familie wäscht sich im ...	łazienka
die Wohnungssuche (kein Plural)	Ich suche eine Wohnung. = Ich bin auf ...	poszukiwanie mieszkania

der Makler, -	Der ... sucht für mich eine Wohnung.	makler, pośrednik w handlu nieruchomościami
die Maklerin, -innen	Die ... sucht für mich eine Wohnung.	makler (kobieta), pośredniczka w handlu nieruchomościami
der Mieter, -	Herr Moreno hat kein Haus. Er wohnt in einer Wohnung und bezahlt jeden Monat an den Vermieter. Er ist der	najemca
die Mieterin, -innen	Frau Moreno hat kein Haus. Sie wohnt in einer Wohnung und bezahlt jeden Monat an den Vermieter. Sie ist die ...	najemczyni
die Monatsmiete, -n	Wie viel Miete zahlen Sie jeden Monat? - Die ... beträgt 900 € .	czynsz miesięczny
die Anzeige, -n	Am Samstag und am Mittwoch stehen private ... in der Zeitung. Privatpersonen verkaufen Möbel, Musikinstrumente, Bücher, Kleidung, Gebrauchtwagen. Sie vermieten Wohnungen, Häuser, Garagen, Gärten, Ferienhäuser. Andere geben Musikunterricht oder Sprachunterricht. Jeden Tag stehen gewerbliche ... in der Zeitung. Gewerbliche ... nennt man auch Werbung.	ogłoszenie
die Tageszeitung, -en	Eine Zeitung, die es jeden Tag neu gibt, ist eine ...	dziennik
der Akzent, -e	Sie spricht ein weiches russisches „le". Sie hat einen russischen	akcent
der Stadtrand, -ränder	Um die Stadt herum liegt der ... . Die Dörfer neben der Stadt liegen am	peryferia miasta
der Balkon, -e	Unsere Wohnung ist im ersten Obergeschoss. Im Sommer frühstücken wir nicht in der Wohnung, wir frühstücken dann gerne auf dem	balkon
die Nebenkosten (kein Singular)	Die Wohnung kostet 700 € kalt. Wir bezahlen noch 150 € ... für Heizung, Wasser und Müll.	dodatkowe koszty
die Kaltmiete, -n	Dier Miete ohne Nebenkosten heißt ...	czynsz bez opłat za ogrzewanie i wodę
die Warmmiete, -n	Die Miete mit Nebenkosten heißt	czynsz z opłatami za ogrzewanie i wodę
die Kaution, -en	Viele Vermieter möchten eine ... haben. Das sind ein, zwei oder drei Monatsmieten kalt. Die ... liegt auf einem Konto bis der Mieter wieder aus der Wohnung zieht. Wenn dann etwas kaputt ist, dann bezahlt der Vermieter die Reparatur mit der ... Wenn alles in Ordnung ist, dann bekommt der Mieter die ... wieder zurück.	kaucja
das Erdgeschoss, -e	Die Wohnung unten am Hauseingang liegt im	parter
das Obergeschoss, -e oder: der erste Stock / die erste Etage, der zweite Stock / die zweite Etage usw.. (Plural Stockwerke, Etagen)	Dieses Mietshaus hat sechs Wohnungen: Eine Wohnung im Erdgeschoss, zwei Wohnungen im ersten ..., , zwei Wohnungen im zweiten	pierwsze piętro / na pierwszym, drugim piętrze
das Dachgeschoss, -e	... und eine Wohnung ganz oben im	poddasze
der Abstellraum, -räume	Das kleine Zimmer ist wie ein Schrank für Putzmittel und Vorräte. Das ist ein ...	komórka, pomieszczenie gospodarcze
die Heizung, -en	In dieser Wohnung ist es kalt. Die ... ist kaputt.	ogrzewanie

der Erstbezug, -bezüge	Ist die Wohnung neu oder komplett renoviert und Sie sind der erste Mieter, dann ist das ein	pierwsze zasiedlenie
der Neubau, -bauten	Ein neues Haus ist ein	nowy budynek
die Garage, -en	Das kleine Haus für das Auto ist eine	garaż
die Tiefgarage, -en	Eine Garage für viele Autos unter der Straße oder unter dem Garten oder unter dem Haus ist eine	garaż podziemny
der Stellplatz, -plätze	Ein offener Parkplatz für das Auto ist ein	miejsce parkingowe
die Terrasse, -n	Wir wohnen im Erdgeschoss. Im Sommer sitzen wir nicht auf dem Balkon. Wir sitzen auf der	taras
die Loggia, -s	Ein kleiner Balkon mit einem Dach ist eine	lodżia
das Parkett (kein Plural)	(Material) Ein Boden aus Holz ist aus	parkiet
das Laminat (kein Plural)	(Material) Ein Boden der aussieht wie Holz, aber aus Kunststoff gemacht ist, ist aus	laminat
der Teppichboden, -böden	Ein Boden aus Textil ist ein	wykładzina
der Teppich, -e	Ein Stück Textil, das man auf den Boden legen kann, ist ein	dywan
der Keller, -	Unter dem Haus liegt der	piwnica
der Aufzug, -züge / der LIft, -s	Ein Hochhaus mit 10 Stockwerken hat einen	winda
der Bauherr, -herren	Er baut und finanziert das Haus. Er ist der	inwestor budowlany
der Stadtbus, -busse	Herr Jonosa hat kein Auto. Er fährt mit dem	autobus miejski
das Haustier, -e	Viele Deutsche haben in der Wohnung einen Hund oder eine Katze. Das ist ein	zwierzę domowe
die Landschaft, -en	Die Natur in Süddeutschland ist anders als in Norddeutschland. Die ... ist anders.	krajobraz
die Lage, -n	Das Haus liegt in schöner Landschaft. Das Haus liegt in landschaftlich schöner	położenie
die Umgebung, -en	Am Stadtrand liegt ein See und ein großer Wald. Die Stadt hat eine schöne	okolica
die Gartenbenutzung, -en	Wir dürfen im Garten sitzen und die Kinder dürfen dort spielen. Die ... ist erlaubt.	możliwość korzystania z ogrodu
die Abkürzung, -en	3 - ZKBB ist die ... für drei Zimmer, Küche, Bad, Balkon.	skrót
der Einzugstermin, -e	Am 1. Mai ziehen wir in die Wohnung. Der ... ist der 1. Mai.	termin wprowadzki
die Tankstelle, -n	Benzin und Öl für das Auto bekommen wir an der	stacja benzynowa
die Traumwohnung, -en	Eine Wohnung, die ich mir sehr wünsche, ist eine	mieszkanie marzeń
die Chiffre, -n	In der Tageszeitung finden wir Anzeigen mit einer Telefonnummer oder anonym mit einer	kod, szyfr
die Wohnungsbörse, -n	Eine Seite im Internet, auf der man Wohnungen mieten, vermieten, kaufen und verkaufen kann.	giełda mieszkań
die Suchmaschine, -n	Im Internet kann man zum Beispiel bei Google eingeben, was man sucht und bekommt dann Vorschläge. Wenn ich im Internet eine Wohnung suche, dann gebe ich erst einmal Suchwörter in die ... ein.	wyszukiwarka
die Eingabemaske	Die Zeile in der Suchmaschine, in die man Wörter hineinschreiben kann, nennt man	pole wyszukiwania

das Gesetz, -e nach dem Gesetz	Jedes Land hat Regeln. Diese Regeln schreibt man in ein .. .	ustawa
„wohnungsmiete.de"	Diese Plattform gibt es nicht. Aber es gibt viele andere, die man mit Suchwörtern wie „Wohnung mieten" finden kann.	przykładowa platforma do wyszukiwania mieszkań
Hören 46		Andere Wörter / Inne słowa
man	Die Menschen können in dieser Stadt gut leben. = ... kann in dieser Stadt gut leben.	zaimek niewystępujący w jęz. polskim, tłumaczony bezosobowo
unterschiedlich	Das Auto für 2500 € ist alt und hat abgefahrene Reifen. Das Auto für 5 000 € hat neue Reifen und ist nicht so alt. Die beiden Autos sind	różne
sogar	In einer kleinen Stadt zahlen sie wenig Miete. Aber in einer Großstadt zahlen Sie für eine 3-Zimmer--Wohnung 1 500 € oder ... 3 000 €.	nawet
genau	„Ich suche eine 3-Zimmer-Wohnung" - „Was suchen Sie denn ...?" - „Ich suche eine ruhige Wohnung am Stadtrand mit Balkon und landschaftlich schöner Lage."	dokładnie
ausländisch (der Ausländer, - / die Ausländerin - innen)	Er fährt kein deutsches Auto. Das Auto ist japanisch. Das ist ein .... -es Auto.	zagraniczny
ungefähr	Das Auto kostet genau 3 950 €. Das sind ... 4 000 €.	około
interessant	Ich lese das Buch sehr gerne und lerne viel. Das Buch ist	interesujący
zuerst	Ich suche eine Wohnung. Ich lese ... die Anzeigen, dann telefoniere ich mit Vermietern und schreibe Briefe an Vermieter. Dann setze ich selbst eine Anzeige in die Zeitung. Wenn ich kein Glück habe, gehe ich zum Makler.	najpierw
zuzüglich	Die Miete beträgt 650 € ... 150€ Nebenkosten.	dodatkowo
immer	Die privaten Anzeigen sind jeden Mittwoch und jeden Samstag in der Zeitung. Sie sind ... mittwochs und samstags in der Zeitung.	zawsze
privat	nicht gewerblich, geschäftlich oder offiziell: ...	prywatnie
auf Wunsch	wenn Sie es wollen: ...	na życzenie
zentral	Die Wohnung liegt in der Stadt. Sie liegt ...	w centrum
kalt	1. Eis ist ... Im Winter ist es ... . 2. Die Wohnung kostet ohne Nebenkosten 900€. = Sie kostet 900€ kalt.	1. zimno 2. bez dodatkowych opłat
warm	1. Suppe ist ... . Im Mai ist es ... 2. Die Wohnung kostet mit Nebenkosten 1250,00 €. Sie kostet 1250,00 € ...	1. ciepło 2. z dodatkowymi opłatami
sofort	Sie können jetzt und heute in die Wohnung einziehen. SIe können ... einziehen.	natychmiast
später	Sie können nicht jetzt einziehen. Sie können ... einziehen.	później
gleich	Bitte warten Sie einen Moment. Ich komme ...	zaraz

besetzt	1. Herr Jonosa ruft an. Er hört ein kurzes tut-tut-tut. Es ist ... 2. Die Toilette ist geschlossen . Es ist ... 3. Darf ich hier sitzen? - Nein, dieser Platz ist ...	zajęty
praktisch	In dieser Tasche ist viel Platz und ich finde meine Sachen schnell. Diese Tasche ist ...	praktyczny
niemand	Kein Mensch ist in der Wohnung. ... ist in der Wohnung.	nikt
wegen (der Anzeige)	Warum rufen Sie an? Ich rufe ... der Anzeige an.	z powodu
tut mir leid	Entschuldigung = ...	przykro mi
weg	1. Das Auto ist nicht vor der Haustüre. Es ist nicht da. Es ist ... 2. Ich möchte diese Wohnung mieten. - Tut mir leid. Ich habe schon einen Mieter. Die Wohnung ist schon...	1. zniknąć 2. być niedostępnym
das ist schade	Guten Tag. Ist Herr Müller zu Hause. - Nein, tut mir leid. -	szkoda
traurig	Er hat keine Arbeit, keine Wohnung, keine Familie. Er lacht nicht mehr. Er ist	smutny
normal	Die Wohnungssuche in Deutschland dauert lange. Das ist immer so. Das ist	normalny
komfortabel	Das ist eine Luxuswohnung. Die Wohnung ist ...	wygodny
dort	Ich gehe in den Supermarkt und kaufe einen Liter Milch. Ich kaufe ... auch Gemüse ein.	tam
rechts	In Deutschland fahren die Autos ...	w prawo, po prawej stornie
links	Im Auto sitzt der Fahrer ...	z lewo, z lewej strony
dringend	Ich muss schnell einen Brief an das Arbeitsamt schreiben. Es ist ...	pilny
erreichbar	1. Ich bin um 20.00 Uhr zu Hause und höre das Telefon. Bitte rufen Sie mich um 20.00 Uhr an. Ich bin um 20.00 Uhr telefonisch ... 2. Ich gehe nur zwei Minuten zum Supermarkt. Der Supermarkt ist gut ...	dostępny

Abschnitt 2 Eine Wohnung mieten
Część 2 Wynajem mieszkania

Hören 47		**Verben / Czasowniki**
klingeln	Das Telefon ... - Ich ... an der Tür.	dzwonić
(sich) freuen (über)	Er sagt: „Oh, das ist aber schön! Wir bekommen eine Wohnung." - Er .... sich über die Wohnung.	cieszyć się (z)
werden (ich werde, du wirst, er wird, wir werden, ihr werdet, sie werden)	Die Wohnung ist jetzt nicht frei, aber im nächsten Monat ... sie frei.	być (w czasie przyszłym)
besichtigen	Er will die Wohnung ansehen. = Er will die Wohnung ...	zwiedzać, dokonywać oględzin
aussteigen, steigt aus	Er hält vor dem Haus und ... (aus dem Auto)	wysiadać
(es) gefällt (mir/dir)	Die Wohnung ist schön. Sie ... mir.	podoba mi/Ci się
hineinkommen, kommt hinein	Er steht vor der Tür und klingelt und fragt: „Darf ich ...?"	wchodzić
summen	Die Türe öffnet sich automatisch. Wenn sie sich öffnet, dann ... sie.	brzęczeć
hereinkommen, kommt herein	Herr Moreno steht vor der Tür. Herr Jonosa öffnet und sagt: „... Sie ..."	wchodzić
umziehen, zieht um	Die Wohnung wechseln und alle Möbel aus der alten Wohnung hinaustragen und in die neue Wohnung hineintragen. = ...	przeprowadzać się
passen	Das sieht schön aus! Die Stühle ... genau zu dem Tisch.	pasować
einziehen, zieht ein	In eine neue Wohnung kommen und seine Möbel hineintragen = ...	wprowadzać się
entfernen	Da ist Schmutz auf dem Teppich. Sie ... den Schmutz mit Putzmittel.	usuwać
auswechseln, wechselt aus	Das Waschbecken ist kaputt. Ich montiere ein neues Waschbecken. Ich ... das Waschbecken	wymieniać
gehören (zu)	Waschbecken, Toilette, Fenster und Türen ... zu einer Wohnung.	należeć (do)
bleiben	1. Herr Jonosa fragt Frau Heimann: „... der Laminatboden oder nimmt Familie Koch den Boden mit?" 2. Frau Hoffmann kommt am Nachmittag zu Frau Jonosa. Am Abend sagt Frau Jonosa: „Essen Sie mit uns zu Abend? ... Sie noch ein bisschen!"	zostawać
hierbleiben	Aber Frau Hoffmann antwortet: „Vielen Dank, aber ich kann nicht ... , meine Familie wartet."	zostawać tutaj
zeigen	Frau Jonosa sagt zu Frau Moreno: „Kommen Sie mit. Ich ... Ihnen unsere neue Wohnung."	pokazywać
ersetzen	auswechseln = ...	zastępować, wymieniać
aussehen, sieht aus	Sie sehen die neue Wohnung und sagen: „Oh, die Wohnung ... aber schön ..."	wyglądać
ausziehen, zieht aus	aus der alten Wohnung ziehen und alle Möbel heraustragen: ...	wyprowadzać się
(sich) verabschieden	Ich sage: „Auf Wiedersehen." Ich ... mich.	żegnać się

Hören 48		Nomen / Rzeczowniki
das Ehepaar, -e	Herr und Frau Moreno sind verheiratet. Sie sind ein ...	małżeństwo
der Nachmieter, -	Er zieht aus der alten Wohnung aus. Ein anderer Mieter zieht in die Wohnung ein. Der neue Mieter ist der ...	następny lokator
der Spielplatz, -plätze	Die Kinder spielen draußen auf einem ...	plac zabaw
die Wohngegend, -en	Die Straßen und Plätze in der Nähe der Wohnung sind die	okolica mieszkaniowa
die Sprechanlage, -n	In vielen Wohnungen gibt es ein besonderes „Telefon" in der Wohnung. Damit kann ich mit den Menschen telefonieren, die an der Haustüre klingeln. Das ist eine ...	domofon
der Eingang, -gänge	Die Türe des Hauses ist der ...	wejście
die Eingangstüre, -n/ Haustüre, -n	oder die	drzwi wejściowe
die Klingel, -n	An jeder Haustüre ist eine ...	dzwonek
der Türöffner, -	Ich drücke in der Wohnung auf einen Knopf und die Türe öffnet sich automatisch. Das ist der ...	przycisk do automatycznego otwierania drzwi
die Angst, Ängste	Das Kind ist nachts alleine. Es schreit. Es hat ...	strach
der Hund, -e		pies
der Schmutz (kein Plural)	Die Wohnung ist nicht sauber. Da ist ... auf dem Boden.	brud
der Lärm (kein Plural)	Die Straße ist laut. Die Kinder schreien. Autos fahren, Hunde bellen: Da ist ... auf der Straße.	hałas
der Wasserhahn, -hähne	Im Badezimmer ist ein Waschbecken. Aus dem ... kommt das Wasser.	kran
die Toilette, -n	WC = ... (umgangssprachlich auch: „das Klo")	toaleta
der Urinstein (kein Plural)	gelbe Ablagerungen in der Toilette	kamień urynowy
der Herd, -e	In der Küche kocht man auf einem ...	kuchenka
die Spüle, -n	In der Küche spült man das Geschirr in der ...	zlewozmywak
die Möbel (Plural), das Möbelstück (SIngular)	Tische und Stühle sind...	meble, mebel
der Mietvertrag, -verträge	Ich möchte die Wohnung mieten. Ich mache mit dem Vermieter einen ...	umowa wynajmu
das Übergabeprotokoll, -e	Bevor ich einziehe, gehe ich noch einmal mit dem Vermieter durch die Wohnung. Wenn etwas kaputt ist, dann schreiben wir das in das ...	protokół zdawczo--zbiorczy
das Monatsende, -n	Der 30. oder der 31. im Monat ist das ...	koniec miesiąca
die Übergabe, -n	Bevor ich einziehe, gehe ich noch einmal mit dem Vermieter durch die Wohnung, wir machen das Übergabeprotokoll und ich bekomme den Schlüssel. Dieser Termin ist die ...	przekazanie
die Visitenkarte, -n	Manche Menschen haben kleine Kärtchen mit Namen, Adresse und Telefonnummer. Diese Karten nennt man ...	wizytówka

Hören 49		Andere Wörter / Inne słowa
frei	1. Dieser Platz ist nicht besetzt. Der Platz ist ... 2. Die Toilette ist nicht besetzt, Die Toilette ist ... 3. Haben Sie einen Nachmieter oder ist die Wohnung noch...?	wolny
berufstätig	Sie geht zur Arbeit, Sie ist ...	aktywny zawodowo
selbstverständlich	Ja, natürlich. = ...	oczywiście
hübsch	ein schöner Mensch = ein ... Mensch	piękny
schlecht	Es gibt gute und ... Wohngegenden. Diese ist ... Hier ist viel Lärm und Schmutz.	zły
oben	Das Dachgeschoss liegt ...	na górze
unten	Das Erdgeschoss liegt ...	na dole
jung	Sie ist erst siebzehn und heiratet schon. - Ach, sie ist aber ...	młody
glücklich	Er freut sich. Er ist ...	szczęśliwy
deshalb	Warum zieht Familie Koch aus der Wohnung? - Herr Koch hat eine gute Arbeit in Hannover, ... müssen sie nach Hamburg ziehen.	dlatego
abgenutzt	Viele Menschen sitzen jeden Tag auf diesem Stuhl. Jetzt sieht der Stuhl ... aus.	zużyty
außerdem	und auch = ...	oprócz tego
kalkhaltig	Weiße Ablagerungen vom Wasser im Waschbecken sind Kalk. Wasser mit viel Kalk ist ...	zawierający wapno
sauber	Hier ist kein Schmutz im Bad. Das Bad ist ...	czysty
hell	In der Wohnung sind sehr viele große Südfenster. Die Wohnung ist ...	jasny
sowieso	„Warum putzt du jetzt die Wohnung? Wir bekommen heute Gäste. Morgen musst du ... noch einmal putzen."	tak czy owak, i tak

Hören 50		Ausdrücke / Wyrażenia
zur Zeit	Wir fragen den Makler:"Haben Sie eine Wohnung für eine Familie mit drei Kindern?"-"Nein, tut mir leid. ... haben wir nur kleine Wohnungen für ein bis zwei Personen."	obecnie
in der Nähe	Er wohnt in einer schöne Wohngegend. Er möchte aber eine neue Wohnung. Die Wohnung soll in der schönen Gegend sein. Er sucht eine Wohnung ... seiner jetzigen Wohnung.	w pobliżu
wir sind da	wir kommen jetzt an = ...	jesteśmy na miejscu
macht nichts	1. „Oh Entschuldigung." - „...." 2. „Die Wohnung ist leider sehr klein für eine so große Familie." - „Ach ... - Eine Wohnung ist eine Wohnung."	nic nie szkodzi

Abschnitt 3 Der Umzug
Część 3 Przeprowadzka

Hören 51		Verben / Czasowniki
sammeln	Sein Hobby ist Briefmarken ...	zbierać
einpacken, packt ein	Frau Moreno kauft ein Buch. Die Verkäuferin fragt: „Wollen Sie eine Tüte? Soll ich das Buch ...?“	pakować
einwickeln, wickelt ein	Frau Jonosa kauft neue Gläser. Die Verkäuferin ... die Gläser in Papier ...	zawijać
schrauben	Herr Jonosa nimmt die Regale von der Wand. Er ... die Regale von der Wand.	przykręcać
ausstecken, steckt aus	Er ... das Radio ... und nimmt es mit.	odłączać
zusammenlegen, legt zusammen	Sie wäscht die Wäsche, bügelt sie, ... sie ... und legt sie in den Schrank.	składać
stapeln	Im Supermarkt ... die Verkäuferin Dosen in die Regale.	układać w stos
hierlassen, lässt hier	Familie Jonosa nimmt den Teppich nicht mit. Sie ... den Teppich	zostawiać tutaj
verschenken	Familie Jonosa muss den Teppich nicht bezahlen. Familie Koch ... den Teppich.	podarowywać
laden, lädt	Der Arbeiter ... Kisten in den Transporter.	ładować
zurückfahren, fährt zurück	Er nimmt einen Mietwagen. Abends ... er den Mietwagen ...	wracać, jechać z powrotem
sortieren	Sie räumt auf und ... die Bücher nach dem Alphabet.	sortować, porządkować

Hören 52		Nomen / Rzeczowniki
der Karton, -s	Der Verkäufer im Supermarkt nimmt die Lebensmittel aus dem ... und stellt sie in die Regale.	karton
der Gaskocher, -	Ein kleiner Gasherd ist ein ...	przenośna kuchenka gazowa
die Kirche, -n	Die Christen haben ... - Am Sonntag gehen sie in die ...	kościół
die Gemeinde, -n	Das Amt eines Dorfes oder einer Stadt ist die ...	gmina
der Wohnsitz, -e	Meine Adresse ist mein ...	miejsce zamieszkania
die Staatsangehörigkeit, -en	Er hat einen deutschen Pass. Seine ... ist deutsch.	obywatelstwo
die Zweitwohnung, -en	Sie ist Studentin in Hamburg. Sie hat zwei Wohnungen. Sie wohnt bei Vater und Mutter in Kiel und in ihrer Studentenwohnung in Hamburg. Ihre ... liegt in Hamburg.	drugie mieszkanie
der Familienangehörige	Verwandte sind....	członek rodziny
die Meldebescheinigung, -en	Familie Jonosa meldet ihre neue Wohnung an. Ihr Wohnsitz ist jetzt bei der Gemeinde gemeldet. Sie können eine .... von der Gemeinde bekommen.	zaświadczenie o zameldowaniu
die Aufenthaltsgenehmigung, -en	Wenn man Ausländer ist, braucht man eine ...	zezwolenie na pobyt
das Datum, die Daten	Tag, Monat und Jahr ist ein ... Zum Beispiel: 24. 05. 2020	data

der Zuschuss. ü-e	Man bekommt nicht die ganze Miete vom Wohngeldamt, aber man bekommt ein bisschen etwas. Man bekommt einen ...	dotacja, wsparcie finansowe
die Papiere (Plural)	Personalausweis: Pass oder Aufenthaltsgenehmigung oder Führerschein und Fahrzeugpapiere sind ...	papiery

Das Geschirr
Naczynia

der Teller, -	talerz
die Tasse, -n	filiżanka
die Schüssel, -n	miska
das Glas, Gläser	szklanka
der Topf, Töpfe	garnek
die Pfanne, -n	patelnia
das Besteck (kein Plural)	sztućce
das Messer, -.	nóż
die Gabel, -n	widelec
der Löffel, -n	łyżka

Möbel
Meble

der Esstisch, -e	stół do jedzenia
das Sofa, -s	sofa, kanapa
der Sessel, -	fotel
der Kleiderschrank, -schränke	szafa na ubrania
der Wohnzimmerschrank, -schränke	szafa w salonie
der Geschirrschrank, -schränke	szafa na naczynia

Die Kleidung
Odzież

das Kleid, -er	sukienka
der Rock, Röcke	spódnica
die Bluse, -n	bluzka
das Kostüm, -e	garsonka
die Hose, -n	spodnie
die Jacke, -n	kurtka
der Anzug, Anzüge	garnitur

Hören 53 Andere Wörter / Inne słowa

endlich	Ich warte eine Stunde. ... kommt er.	w końcu
durcheinander	Er muss seine CDs sortieren. Sie sind ...	w nieładzie
bisherig	Sie haben eine neue Wohnung, Die alte Wohnung ist die ... Wohnung.	dotychczasowy
zu hoch	Bimata kommt nicht an ihre Bücher. Die Regale hängen ...	za wysoko
geboren	Wann ist Herr Jonosa ...?	urodzony
vorher	Frau Jonosa geht einkaufen. ... geht sie zur Bank und holt Geld.	przedtem

Abschnitt 4 Die Wohnung feiern
Część 4 Parapetówka

Hören 54		Verben / Czasowniki
einweihen, weiht ein	Familie Jonosa hat eine neue Wohnung. Sie machen ein Fest und feiern die neue Wohnung. Sie ... die Wohnung ...	użyć po raz pierwszy, uroczyście otworzyć, poświęcić
überreichen	Herr Moreno gibt Frau Jonosa Blumen. Er ... die Blumen.	wręczać
schenken	Zum Geburtstag gibt Frau Jonosa ihrem Sohn ein Fahrrad. Sie ... ihm ein Fahrrad.	podarować
tanzen	Auf Partys kann man ...	tańczyć
reisen	Mit der Bahn, mit dem Auto, mit dem Bus oder mit dem Flugzeug kann man ...	podróżować
buchen	Im Reisebüro kann man ein Hotelzimmer und eine Fahrkarte bestellen. Man kann also eine Reise	rezerwować
musizieren	Mit der Gitarre, mit der Flöte, mit der Geige oder mit dem Klavier kann man ...	muzykować
renovieren	Alle Möbel kann man neu machen. Man kann sie ...	odnawiać
rauchen	Eine Zigarette, eine Zigarre, eine Pfeife kann man ...	palić
Hören 55		**Nomen / Rzeczowniki**
der Grundriss, -e	Der Architekt macht einen Plan.- Man sieht auf dem Plan den ... einer Wohnung oder eines Hauses.	zarys
die Wohnungseinweihung, -en	Wir haben eine neue Wohnung. Wir machen ein Fest. Das ist eine	parapetówka
die Garderobe, -n	Ein Möbelstück für Jacken, Mäntel, Hüte ist eine ...	garderoba

Weitere Gegenstände aus dem Alltag
Inne przedmioty użytku codziennego

der Schuh, -e	but
das Tanzkleid, -er	sukienka do tańca
das Musikinstrument, -e	instrument muzyczny
das Klavier, -e	fortepian
die Geige, -n	skrzypce
die Flöte, -n	flet
die Gitarre, -n	gitara
der Auto-Kindersitz	fotelik samochodowy dla dziecka
der Kinderstuhl, -stühle	krzesełko dla dziecka
der Kinderhochstuhl	wysokie krzesełko dla dziecka
der Kinderwagen	wózek dziecięcy
das Werkzeug, - e	narzędzie
das Holz, Hölzer	drewno
die Zimmerpflanze, -n	roślina pokojowa
die Topfpflanze, -n	roślina doniczkowa

der Übertopf, -töpfe	ozdobna doniczka
der Schmuck	biżuteria
der Ring, -e	pierścionek
die Halskette, -n	naszyjnik
der Armreifen, -	bransoletka
das Briefpapier, -e	papier listowy
der Briefumschlag, -umschläge	koperta
die Zigarette, -n	papieros
die Zigarre, -n	cygaro
die Pfeife, -n	fajka
das Feuerzeug, -e	zapalniczka
das Zündholzm -hölzer	zapałka
die Kerze, -n	świeczka

Hören 56	Andere Wörter / Inne słowa	
silbern	Material für Schmuck ist Silber. Dieser Schmuck ist ...	srebrny
golden	Material für Schmuck ist Gold. Dieser Schmuck ist ...	złoty
	Ausdrücke / Wyrażenia	
lassen Sie es sich schmecken	= guten Appetit! (Sie)	Smacznego! (forma grzecznościowa)
lass es dir schmecken	= guten Appetit! (du)	Smacznego! (do osoby, z którą jesteśmy na „Ty")

Kapitel 5 Arbeit
Rozdział 5 Praca

Abschnitt 1 Wo oder wohin?
Część 1 Gdzie czy dokąd

Hören 57

Wechselpräpositionen / Przyimki zmienne

Mit Akkusativ auf die Frage: Wohin? Przyimki z Akkusativem odpowiadają na pytanie „Dokąd?", ponieważ Akkusativ jest używany w przypadku czynności związanych ze zmianą miejsca lub przemieszczaniem się. Zwróć uwagę na czasownik!		**Mit Dativ auf die Frage: Wo?** Przyimki z Dativem odpowiadają na pytanie „Gdzie?", ponieważ Dativ używany jest w przypadku czynności niezwiązanych ze zmianą miejsca lub przemieszczaniem się. Zwróć uwagę na czasownik!	
in	Ich lege die Wäsche in den Schrank. Er stellt sein Auto in die Garage. Wir setzen uns in die Küche. Wir gehen in das Konzert.	Jetzt liegt die Wäsche im Schrank. Jetzt steht sein Auto in der Garage. Jetzt sitzen wir in der Küche. Dann sind wir im Konzert.	w
an	Sie hängt das Bild an die Wand. Wir setzen uns an den Tisch. Sie kommen an den See. Ich fahre gern ans Meer. Du reist an die Ostsee. Ich wandere an den Rhein.	Das Bild hängt an der Wand. Wir sitzen am Tisch. Sie bleiben heute am See. Ich liege gerne am Meer. Rostock liegt an der Ostsee. Bonn liegt am Rhein.	przy
auf	Soll ich das Essen auf den Tisch stellen? Das Kind läuft auf die Straße.	Nein, das Essen steht schon auf dem Tisch. Auf der Straße ist es gefährlich.	na
über	Die Bahn fährt über die Brücke. Er springt über den Stuhl. Wir laufen über die Straße.	Die Brücke hängt über dem Fluss. Die Jacke hängt über dem Stuhl. Die Brücke hängt über der Straße.	nad
unter	Die Katze läuft unter das Bett. Er legt einen Teppich unter den Tisch.	Eine Maus sitzt unter dem Bett. Nun liegt der Teppich unter dem Tisch.	pod
vor	Am Dienstag stellen wir den Mülleimer vor das Haus.	Dienstagabends steht unser Mülleimer vor dem Haus.	przed
hinter	Er geht hinter das Haus. Ich stelle das Fahrrad hinter das Haus.	Ich sitze hinter dem Haus. Das Fahrrad steht hinter dem Haus.	za
neben	Sie legt die Gabel neben das Messer. Setzen Sie sich doch neben mich.	Die Gabel liegt neben dem Messer. Niemand sitzt neben mir.	obok
zwischen	Er setzt sich zwischen das Haus und den Garten.	Er sitzt zwischen dem Haus und dem Garten.	między

Hören 58

Verben / Czasowniki

Niektóre czasowników występują z przyimkami, niektóre z zaimkiem zwrotnym „sich" (się), a jeszcze inne z nich zarówno z przyimkiem, jak i zaimkiem zwrotnym. Pamiętaj, aby zawsze uczyć się czasownika wraz z przyimkiem lub zaimkiem!

parken	Das Auto auf einen Platz abstellen.=...	parkować
(sich) durchfragen, fragt (sich) durch	Ich weiß den Weg nicht und frage die Leute auf der Straße. = Ich .... mich ...	dopytywać się o drogę
vorbeigehen, geht vorbei	Die Kirche ist auf meinem Weg. Ich ... an der Kirche	mijać, przechodzić obok czegoś/kogoś
hängen	1. Das Bild ... an der Wand. 2. Ich ... das Bild an die Wand.	1. wisieć 2. wieszać
vertreten	Die Sekretärin ist in Urlaub. Ihre Kollegin macht solange ihre Arbeit. = Sie ... die Sekretärin.	zastępować, reprezentować
(Termin) vereinbaren, vereinbart / (Termin) ausmachen, macht aus	„Können sie um 14.00 Uhr?" fragt der Beamte. Der Kunde antwortet: „Ja, das geht." = Sie ... einen Termin um 14.00 Uhr.	ustalać termin
verfolgen	1. Den Weg auf dem Stadtplan ... 2. Einen Dieb ...	1. śledzić 2. prześladować
beschreiben	Er erklärt ihr den Weg. Er ... den Weg.	opisywać
schaffen	1. Die Prüfung ist schwer, aber ich ... das. 2. Der Künstler ... ein Kunstwerk.	1. dawać radę 2. toczyć się
führen	1. Hinter dem Haus ist ein Garten. Ein kleiner Weg ... in den Garten. 2. Der Blindenhund ... den Blinden.	prowadzić
weitergehen, geht weiter	1. Die zwei Frauen stehen auf der Straße und sprechen, dann ... sie ... 2. Sie fragt sich: Was mache ich nach dem Sprachkurs? = Wie ... es nach dem Kurs ...?	1. iść dalej
recherchieren	Ich habe eine Frage und suche im Internet eine Antwort. Ich ... im Internet.	zbierać informacje na dany temat
präsentieren	Ich halte einen Vortrag und erkläre etwas. Ich	prezentować
anlegen	1. Man kann einen Garten ..., also Blumen und Bäume pflanzen. 2. Bei Facebook kann man ein Profil ... 3. Wer Geld hat, kann es in Aktien ... und darauf hoffen, dass er dabei Geld gewinnt.	1. tworzyć 2. zakładać 3. inwestować
pflegen	Man kann seine Haare ..., indem man sie wäscht. Man kann sein Profil im Computer ..., indem man Informationen aktualisiert.	pielęgnować
(sich) bewerben (auf)	In der Firma gibt es eine Arbeit. Ich möchte diese Arbeit bekommen und melde mich dort. Ich ... mich auf diese Arbeit.	ubiegać się (o coś)
erhalten	bekommen = ...	otrzymywać
fragen (nach)	Er ... nach dem Weg.	pytać (o)

Hören 59		Nomen / Rzeczowniki
das Jobcenter, -	Wenn jemand Arbeit sucht, geht er in das ...	urząd pracy
der Job, -s	die Arbeit = ...	praca
die Richtung, -en	Soll ich nach links oder nach rechts oder geradeaus fahren? = In welche ... soll ich fahren?	kierunek
die Innenstadt, -städte das Stadtzentrum, -zentren	Die Mitte einer Stadt nennt man ... oder	centrum miasta
das Gebäude, n	Große Häuser nennt man ...	budynek
die Universität, -en	In der ... kann man einen akademischen Beruf lernen, man studiert und forscht dort.	uniwerstytet
die Bibliothek, -en / die Bücherei, -en	Ein Gebäude, in dem man sich Bücher ausleihen kann. = ...	biblioteka
das Lieblingsbuch, -bücher	Das Buch mag ich sehr! = Das ist mein ...	ulubiona książka
der Student, -en	Ein Mann, der an der Universität studiert ist ein ...	student
die Studentin, -innen	Eine Frau, die an der Universität studiert, ist eine...	studentka
die Ferien (nur Plural)	Schüler und Studenten haben ...	ferie
die Zeitarbeit, -en	Eine Arbeit für ein paar Monate nennt man ...	praca tymczasowa
die Tätigkeit, -en	Eine Arbeit = eine ...	czynność
die Stelle, -n	Eine Arbeit = eine ...	stanowisko
die Aushilfstätigkeit, -en	Eine Tätigkeit nur für kurze Zeit, wenn jemand weg ist oder wenn eine Firma sehr viel zu tun hat, ist eine	stanowisko pomocnicze (często dotyczy wyłącznie studen-tów, pracujących w mniejszym wymiarze godzin)
die Vertretung, -en	Wenn jemand für eine Zeit weg ist, dann sucht die Firma eine ...	zastępstwo
die Schwangerschaft, -en	Eine Frau, die ein Baby bekommt, ist 9 Monate in ...	ciąża
der Mutterschutz	Kurz bevor das Baby kommt und ein Jahr danach arbeitet eine Mutter nicht. Sie ist in	urlop macierzyński
die Elternzeit, -en	Väter und Mütter, die zu Hause beim Baby bleiben, haben.	urlop wychowawczy
die Firma, Firmen	Eine ... produziert und/oder verkauft Waren.	firma
die Saisonarbeit, -en	Wenn eine Firma in einer bestimmten Zeit besonders viel produzieren muss, dann braucht sie Aushilfen für die ...	praca sezonowa
die Bushaltestelle, -n	Der Bus hält an der ... und nimmt dort die Leute mit.	przystanek autobusowy
die Fußgängerunter-führung, -en	Unter der Straße ist eine Passage. Dort kann man von der einen Straßenseite zu der anderen kommen. Das ist eine...	przejście podziemne (tunel)
das Straßenschild, -er	Der Name der Straße steht auf dem ...	znak drogowy
der Parkplatz, -plätze	Das Auto kann man auf einem ... parken.	parking
der Weg, -e	1. Eine kleine Straße ist ein ... 2. Die Richtung oder die Route, auf der ich gehe oder fahre, ist ein ... - Herr Moreno fragt nach dem	droga
die Bahnlinie, -n	Der Weg, auf dem die Bahn fährt, ist die ...	linia kolejowa
die Brücke, -n	Über dem Fluss ist eine Straße. Das ist eine ...	most

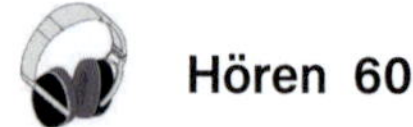

Wichtige Gebäude einer Stadt
Ważne budynki w mieście

das Rathaus, -häuser	ratusz
die Stadtverwaltung, -en	zarząd miejski
die Kirche, -n	kościół
der Dom, -e	katedra
die Moschee, -n	meczet
die Synagoge, -n	synagoga
das Schloss, Schlösser	zamek
das Museum, Museen	muzeum
das Theater, -	teatr
das Kino, -s	kino
der Bahnhof, -höfe	dworzec
die Stadtbibliothek, en die Stadtbücherei, -en	biblioteka miejska
die Polizei(wache, -n)	policja, komisariat policji
das Kulturamt, -ämter	urząd kultury
das Gesundheitsamt	urząd zdrowia
das Finanzamt	urząd skarbowy
die Stadtwerke (Plural)	przedsiębiorstwa miejskie (zajmującą się zazwyczaj dystrybucją energii elektrycznej)
das Gericht, -e	sąd
die KFZ-Zulassungsstelle	wydział komunikacji drogowej
die Schule, -n	szkoła
die Kita, -s	przedszkole
das Altenheim, -e	dom spokojnej starości
das Krankenhaus, -häuser	szpital
das Hotel, -s	hotel
die Jugendherberge, -n	schronisko młodzieżowe
die Tafel, -n	bank żywności

Hören 61		Andere Wörter / Inne słowa
zunächst	Erst gehe ich zum BIZ, dann zum Jobcenter.= Ich gehe ... zum BIZ.	najpierw
arbeitslos	Wer keine Arbeit hat, ist ...	bezrobotny
befristet	Eine Stelle, bei der ich von einem bestimmtem Datum bis zu einem anderen Datum arbeite, ist ...	na czas określony
jemand	Das Amt ist geschlossen. Ist ... da? - Nein, niemand.	ktoś
krank	Wenn ich nicht gesund bin, dann bin ich ...	chory
kaum	nur ein bisschen., fast nichts = ...	ledwo co
kurzfristig	Ich habe Zeit. Kann ich ... kommen?	nagle, z niewielkim wyprzedzeniem, krótkoterminowo

zusätzlich	Manche Leute haben zwei Jobs. Sie arbeiten tagsüber und ... noch am Abend.	dodatkowo
weit	Wenn ich lange gehen muss, dann ist der Weg ...	daleki (długi)
schwer	1. Wenn ich viel tragen muss, dann ist das ... 2. Wenn ich kompliziert denken muss, dann ist das ... oder schwierig, also nicht einfach.	1. ciężki 2. trudny
geradeaus	Ich gehe nicht rechts, nicht links, ich gehe ...	prosto
vorne	Vor meinen Augen ist ...	z przodu
hinten	In meinem Rücken ist ...	z tyłu
einfach	nicht schwierig, nicht kompliziert, nicht schwer = ...	prosty
klein	Der Mann ist nur 1,60 m, also ist er ...	niski
neu	Ich kaufe ein Auto. Es ist ...	nowy
laut	Ich höre nichts. Die Maschine ist so ...	głośny
noch einmal	Ich gehe zum Amt und am nächsten Morgen gehe ich wieder zum Amt. Ich gehe ...	jeszcze raz
meistens	Kommt der Bus heute pünktlich? - Ich weiß es nicht. fast jeden Tag, also ... ist er pünktlich.	zazwyczaj
nun	jetzt = ...	teraz
		Ausdrücke / Wyrażenia
keine Ahnung	Ich weiß das nicht. = Ich habe ...	nie wiem, nie mam pojęcia
keine Ursache	Das macht nichts, das mache ich doch gerne. = ...	nie ma za co, drobiazg
Ich bin von hier	Ich wohne und lebe hier oder komme von hier. Ich kenne mich hier aus. = ...	Jestem stąd.
zu Fuß	gehen = den Weg ... machen	na pieszo
		Fragewörter / Zaimki pytające
Wo?	... ist das Rathaus?- Es ist in der Marktstraße.	Gdzie?
Wohin?	... geht Herr Jonosa? - Er geht zum Rathaus.	Dokąd?
Warum?	... geht Herr Jonosa zum Rathaus? - Er möchte seine neue Wohnung anmelden.	Dlaczego?
Wozu?	... braucht man einen Reisepass. - Man braucht ihn zum Reisen.	Po co?
Wie lange?	... geht man zum Rathaus? - Etwa 20 Minuten.	Jak długo?

Abschnitt 2 - Im Berufsinformationszentrum
Część 2 W centrum informacji zawodowej

Hören 62

Präpositionen mit Akkusativ / Przyimki z biernikiem

durch	1. Sie gehen durch den Garten. Ich schaue durch das Fenster. 2. Durch die Hilfe meines Freundes bin ich wieder gesund.	1. przez 2. dzięki
um	1. Abends sitzt die ganze Familie um den Tisch und isst. 2. Er sucht einen Parkplatz und fährt eine halbe Stunde um die Häuser herum. 3. Sie spielt um ihr ganzes Geld. 4. Hier geht es um Leben oder Tod. 5. Sie bewirbt sich um eine Stelle.	1. wokół 2. wokół 3. o 4. o 5. o
gegen	1. Er schlägt gegen die Tür. Der Autofahrer fährt gegen den Baum. 2. Sie hat Schmerzen. Sie nimmt Tabletten gegen die Schmerzen. 3. Der Arzt ist gegen das Rauchen. Die Politiker sind gegen die Korruption.	1. w 2. przeciw 3. przeciw
für	1. Für wen sind die schönen Blumen? Die Blumen sind für den Herrn. 2. Die Demonstranten sind gegen die Arbeitslosigkeit und für die Beschäftigung aller.	1. dla 2. za
ohne	1. Sie kann ohne ihren Mann nicht leben und er kann ohne seine Frau nicht leben. 2. Wir kommen ohne Wohnung, ohne Auto, ohne Arbeit, ohne Geld und ohne Sprache nach Deutschland.	bez
entlang	1. Er fährt die Straße entlang, dann geht er den Weg entlang. **W wersji z Genitivem:** Er fährt entlang der Straße, dann geht er entlang des Weges.	wzdłuż

Die Präposition „bis" / Przyimek „bis"

bis	1. **Bez rodzajnika:** Er fährt bis Hamburg. 2. **W połączeniu z innymi przyimkami:** Er fährt bis in die Stadt. Er fährt bis zum Bahnhof. 3. Alle bis auf ihren Mann sind hier. 4. Er fährt bis vor den Bahnhof.	1. do 2. aż do 3. oprócz 4. aż przed

Hören 63		Verben / Czasowniki
erlernen	Sie möchte einen neuen Beruf haben. Zuerst muss sie den Beruf ...	nauczyć się
anerkennen, erkennt an (anerkannt)	Er ist Bauingenieur, aber er hat ein syrisches Diplom. Er lässt sein Diplom in Deutschland ... - Das Diplom ist jetzt in Deutschland anerkannt. Jetzt kann er als Bauingenieur arbeiten.	uznawać
nutzen	Das BIZ bietet Informationen zu seinem Beruf. Er geht zum BIZ und informiert sich. Er ... das Angebot des Arbeitsamts.	używać, wykorzystywać
(sich) (etwas) ansehen, sieht an	Im Fernsehen gibt es einen schönen Film. Er möchte sich den Film ...	oglądać coś
testen	etwas versuchen = etwas ...	testować
erfahren	etwas Neues kennen lernen = ...	dowiadywać się
veralten (veraltet)	Die Informationen aus einer 10 Jahre alten Broschüre sind nicht mehr gültig. Sie sind ...	wychodzić z użycia (przestarzały)
abfragen, fragt ab	1. Sich Informationen am Computer suchen: ... 2. In der Schule ... der Lehrer die Kinder ..., wenn er nach dem Wissen der Kinder fragt.	1. wyszukiwać 2. odpytywać
heraussuchen, sucht heraus	Wenn ich bestimmte Informationen haben will, dann muss ich sie ...	wyszukiwać
ausbilden, bildet aus	Die Firma hat Leute, die einen Beruf erlernen. Sie ... die Leute	kształcić
fortbilden, bildet fort	Sie ist Sekretärin. Die Firma arbeitet mit einem neuen Computerprogramm. Sie kann noch nicht mit diesem Programm arbeiten. Sie macht also einen Kurs. Sie ... sich	dokształcać
umschulen, schult um	Sie ist Buchhalterin. Sie möchte aber jetzt in Deutschland als Kindergärtnerin arbeiten. Sie	przekwalifikować się
(sich) informieren (über)	Wenn ich etwas über einen neuen Beruf wissen möchte, kann ich mich im BIZ ... . Ich erfahre dann etwas über den neuen Beruf.	informować się o czymś
(sich) bewerben (um)	Wenn ich eine Arbeit haben möchte, muss ich mich bei einer Firma ... eine Stelle...	ubiegać się o coś
dazulernen, lernt dazu	fortbilden = ...	uczyć (dowiadywać) się czegoś nowego
einscannen, scannt ein	Mit einem Scanner kann man Bilder und Texte ...	skanować
ausdrucken, druckt aus	Mit einem Drucker kann man Bilder und Texte ...	drukować
verbessern	Hier ist ein Fehler! - Der Lehrer ... den Schüler.	poprawiać
(jemanden) überzeugen (mit Akkusativ- Pronomen)	Ich möchte nicht spazieren gehen, aber meine Freundin ... mich und ich gehe doch mit.	przekonywać (kogoś)

Hören 64		Nomen / Rzeczowniki
die Information, -en	Sie infomieren sich beim BIZ. Sie bekommen viel ...	informacja
die Berufsanerkennung, -en	Wenn ihr ausländischer Berufsabschluss anerkannt ist, bekommen Sie eine ...	uznanie kwalifikacji w zawodzie
die Vorschrift, -en	Eine ... bestimmt, wie schnell man in der Stadt fahren darf. Das ist eine Verkehrs...	przepis, zarządzenie
die Arbeitsweise, -n	Er arbeitet langsam aber genau. Seine ... ist langsam aber genau.	sposób pracy

die Arbeitswelt, -en	Die ... eines Landes ist: Alle Menschen, die arbeiten, ihre Arbeitsplätze, ihre Arbeitsweisen, ihre Arbeitsvorschriften.	środowisko pracy
die Fortbildung, -en	Er bildet sich fort. = Er macht eine ...	doskonalenie zawodowe
der Fortbildungskurs, -e	Er macht einen Englisch-, einen Computer- und einen Kostenrechnungs-Kurs. Er macht drei ...	kurs dokształcający
die Umschulung, -en	Wenn Sie eine ... machen, dann haben Sie schon einen Beruf und lernen jetzt einen ganz neuen Beruf.	szkolenie mające na celu przekwalifikowanie się
der Arbeitsberater, -	Ein ... hilft mir bei der Suche nach einer neuen Arbeit. Er berät mich über Fortbildung, Umschulung, Weiterbildung.	doradca ds. zatrudnienia
die Arbeitsberaterin, -nen	Die ... macht dasselbe wie der Arbeitsberater.	doradczyni ds. zatrudnienia
die Region, -en	Die Stadt und die Umgebung einer Stadt ist eine ...	region
das Studium (kein Plural) (Plural: Studiengänge)	Wenn man an einer Universität lernt, dann macht man ein ...	studia
die Anforderung, -en	Alles, was Sie in Ihrem Beruf machen müssen, sind die .... en ihres Berufes.	wymaganie
die Weiterbildung, -en	Wenn Sie eine ... machen, dann arbeiten sie tagsüber und lernen abends oder ein paar Tage pro Woche Die ... bringt Sie in der Karriere weiter.	dokształcanie się
die Entwicklung, -en	Wenn etwas anders wird, dann ist das eine ... Zum Beispiel: Die ... des Wohnungsmarktes. Die Mieten steigen und es gibt wenige Wohnungen, oder die Mieten sinken und es gibt viele Wohnungen.	rozwój
der Arbeitsmarkt, -märkte	Die offenen Stellen und die Arbeitssuchenden sind der ...	rynek pracy
die Öffnungszeit, -en	In Deutschland öffnen die meisten Geschäfte zwischen 8.00 und 10.00 Uhr. Sie schließen zwischen 18.00 und 19.00 Uhr. Das sind die .... in Deutschland.	godziny otwarcia
das Angebot, -e	In Deutschland gibt es ein großes ... an Waren.	oferta
der Service (kein Plural)	Der ... ist eine Hilfe, ein Dienst.	usługa
die Mappe, -n	In eine ... kann man Papiere hineinlegen.	teczka
die Beschreibung, -en	Eine Sekretärin gibt ein kurze ... ihrer Tätigkeit: „Ich schreibe Briefe, vereinbare Termine, telefoniere und organisiere."	opis
der Verdienst, -e	Der ... ist das Geld, das Sie für die Arbeit bekommen.	zarobki
die Verdienstmöglichkeit, en	Die ... ist das Geld, das Sie normalerweise in Ihrem Beruf bekommen.	możliwości zarobku
der Arbeitsplatz, -plätze	Der ... ist da, wo ich arbeite.	miejsce pracy
das Stellenangebot, -angebote	In der Zeitung findet man ... von Firmen und man kann sich bewerben.	oferta pracy
das Bildungsangebot	Das Angebot an Weiterbildung, Fortbildung und Umschulung ist das	oferta kształcenia
die Bewerbung, -en	Wenn ich mich um eine Stelle bewerbe, schreibe ich eine ...	podanie o pracę
die Bewerbungsunterlagen (Plural)	Die Zeugnisse und alles, was ich für eine Bewerbung in eine Mappe lege, sind die ...	dokumenty aplikacyjne
das Vorstellungsgespräch, -e	Wenn sich eine Firma für einen Bewerber interessiert, dann lädt er ihn zu einem ...	rozmowa kwalifikacyjna

die Datenbank, -bänke	Der Computer sammelt Daten zentral in einer ...	baza danych
die Beschäftigung, -en	die Arbeit = ...	zatrudnienie, praca
die Aussicht, -en	Als Krankenschwester hat man in Deutschland eine gute ... auf Beschäftigung.	perspektywa
die Möglichkeit, -en	Als Arzt hat man auch die ... auf dem Gesundheitsamt zu arbeiten.	możliwość
die Literaturliste, -n	Eine Liste mit Buchtiteln ist eine ...	bibliografia
das Zeugnis, -nisse	Schüler bekommen jedes Schuljahr ein ...	świadectwo
der Eignungstest, -s	Manche Firmen checken ihre Bewerber. Sie machen einen ...	test kwalifikacyjny
die Technik, -en	Wie man etwas macht, ist eine ...	technika
die Stelle, -n	Die Arbeit = die ...	miejsce pracy
die Ausbildungsstelle, -n	Wenn man einen Beruf lernen möchte, also eine Berufsausbildung macht, braucht man eine ...	miejsce w placówce lub zakładzie pracy umożliwiającym praktyczną naukę zawodu
die Verwaltung, -en	Das Rathaus verwaltet die Stadt. Das ist die ... der Stadt.	zarząd
die Bildungsstätte, -n	Die Schule ist eine ...	placówka edukacyjna
die Chance, -n	Mit einer guten Ausbildung hat man eine ... auf dem Arbeitsmarkt.	szansa
die Theke, -n	1. In einer Bar kann man an der ... ein Getränk bestellen. 2. Beim BIZ gibt es eine Infotheke. Man kann dort Informationen bekommen.	1. lada 2. punkt informacyjny
der Workshop, -s	Ein Kurs ist ein ...	warsztat
das Seminar, -e	Ein Kurs ist ein ...	seminarium, ćwiczenia
der Vortrag, -träge	Bei einem ... spricht einer vor einem Publikum.	wykład
die Absage, -n	Ich habe diese Stelle nicht bekommen. = Ich habe eine ... bekommen.	odmowa
der Trick, -s	Ich habe keine Idee, wie man diese Flasche öffnen kann. Gibt es einen ...?	trik
die Branche, -n	Es gibt verschiedene Arbeiten. Man nennt sie ..., zum Beispiel die Baubranche oder die Gesundheitsbranche.	branża
die Messe, -n	Auf einer ... stellt man Waren aus. Die Menschen kommen und informieren sich über die Waren. Aber es gibt auch Berufs... - Da kann man Berufe und Firmen kennen lernen.	targi
die Fachkraft, -kräfte	Wer eine Ausbildung hat, ist eine ...	specjalista(-tka)
der Erfolg, -e	Wer eine Stelle findet, der hat ...	sukces

Hören 65 Andere Wörter / Inne słowa

anders	Die Arbeit einer Sekretärin ist nicht wie die Arbeit einer Buchhalterin. Sie ist ...	inny
beruflich	Sie hat Probleme mit dem Beruf. Sie hat ... -e Probleme.	zawodowy
kostenlos	Diese Beratung kostet nichts. sie ist ...	bezpłatny

einzeln	Jedes für sich alleine. Sie bekommen ein Buch über Klaviere, ein Buch über Gitarren, ein Buch über Flöten, also ... Bücher über Musikinstrumente.	pojedynczy
betrieblich	Wenn ein Lehrer in eine Firma kommt und mit den Mitarbeitern eine Fortbildung macht, ist das eine ... -e Weiterbildung.	firmowy pisemnie

Abschnitt 3 Im Jobcenter
Część 3 W urzędzie pracy

Hören 66 Präpositionen mit Dativ/ Przyimki z celownikiem

aus	1. Er nimmt den Brief aus dem Schrank und geht aus dem Haus. Die Kinder kommen aus der Schule. 2. Er ist Asylbewerber und kommt aus Syrien. 3. Material (ohne Artikel): Dieser Schmuck ist aus Gold. Dieser Schrank ist aus Holz. 4. Verhalten (ohne Artikel): Aus Erfahrung wird man klug.	z
von	1. Er kommt gerade vom Arbeitsamt. Sie springt vom Baum. Er kommt gerade von Hamburg. 2. Er ruft von der Schule aus an. Vom Bahnhof aus ist es nicht weit zum Arbeitsamt. 3. Er bekommt Geld vom Amt. Das ist ein Brief von meiner Mutter. Das ist ein Buch von Remarque.	1. z 2. z 3. od
zu	1. Er geht zum Arzt, zum Sozialamt und zum Arbeitsamt, zur Post und zum Bahnhof, dann geht er in den Supermarkt, ins Möbelgeschäft und in die Bäckerei. 2. Er hat eine Stelle. Er geht zur Arbeit. 3. Am Sonntag hast du doch Geburtstag. Da komme ich zu dir.	1. do/nach 2. do 3. do
nach	1. Ich fahre nach Deutschland, nach Osnabrück. 2. Ich gehe nach Hause. Ich schreibe einen Brief nach Hause. Wann kommst du von der Arbeit nach Hause? Ich komme spät nach Hause. 3. Wir müssen nach der Bauvorschrift bauen.	1. do 2. do 3. zgodnie z
bei	1. Ich bin heute beim Arzt, beim Arbeitsamt, beim Sozialamt, bei der Post und beim Bahnhof, im Supermarkt und im Möbelgeschäft. Ich habe keine Zeit. ich bin bei der Arbeit. Heute Abend bin ich bei dir. Ich bleibe heute Nacht bei meiner Freundin. 2. Buxtehude liegt bei Hamburg. Fahren Sie beim Bahnhof rechts in die Bruchstraße. 3. Beim Kochen darf man ihn nicht stören. Beim Arbeiten hört sie gern etwas Musik.	1. w / na / u 2. koło 3. przy
gegenüber	Gegenüber dem Bahnhof liegen zwei Reisebüros. Oder: Dem Bahnhof gegenüber liegen zwei Reisebüros.	naprzeciw

mit	1. Ich trinke meinen Kaffee mit Milch, aber ohne Zucker. Diese Wohnung ist mit Dusche aber ohne Badewanne. 2. Ich fahre nicht mit dem Auto in die Stadt. Ich fahre mit dem Bus. 3. Er schreibt mit der Hand und nicht mit der Schreibmaschine. Er macht die Prüfung mit Erfolg. 4. Verhalten (ohne Artikel!): Er baut mit viel Arbeit ein großes Haus.	1. z 2. w jęz. polskim używamy tutaj narzędnika (bez przyimka) 3. w jęz. polskim używamy tutaj narzędnika (bez przyimka) 4. z

Hören 67		Verben / Czasowniki
(in den Computer) eingeben, gibt ein	Daten in den Computer „schreiben":	wprowadzać
(sich) kümmern (um)	Vater und Mutter ... sich um ihre Kinder. Man muss sich selbst um Arbeit ...	troszczyć się, dbać o
vermitteln, ich vermittle, du vermittelst, er vermittelt, wir vermitteln...	Ein Makler ... Wohnungssuchenden eine Wohnung und er ... Vermietern einen Mieter. Die Agentur für Arbeit ... Arbeitssuchenden Arbeit.	pośredniczyć w znalezieniu mieszkania, pracy
berichten	Wer ohne viel Gefühl erzählt, der ...	sprawozdawać
betreuen	Die Kita ... Kinder. - Der Arbeitsberater ... Arbeitssuchende.	opiekować się
schwer fallen / leicht fallen	Manche Menschen lernen sehr schnell Deutsch. Die Sprache ... ihnen leicht. Andere Menschen lernen nur langsam Deutsch. Die Sprache ... ihnen schwer.	przychodzić z trudem / łatwością
behandeln, ich behandle...	1. Die Kindergärtnerin ist freundlich und nett zu den Kindern. Sie .... die Kinder gut. 2. Der Arzt macht den Kranken wieder gesund. Er ... den Kranken.	1. traktować 2. leczyć
gießen	Blumen brauchen Wasser. Man muss sie ...	podlewać
abrutschen, rutscht ab	1. Wenn es draußen nass und kalt ist und Eis auf der Straße liegt, dann kann man schnell ausrutschen. Den Berg hinunter kann man ... - Das Auto kann von der Straße ... 2. Man kann auch sozial ..., wenn man seine Arbeit, sein Geld, seine Wohnung verliert. Manche Menschen ... schnell ins Drogenmilieu... .	1. ześlizgnąć, zsunąć się 2. stoczyć się
organisieren	Der Sprachkurs .... ein schönes Fest.	organizować
verdienen	1. Sie lernt sehr schnell Deutsch. Sie ... ein Lob für ihren Fleiß. 2. Wer arbeitet, ... Geld.	zarabiać
retten	Das Kind fällt ins Wasser. Es kann nicht schwimmen. Ein Mann springt ins Wasser und .... es.	ratować
aufbauen, baut auf	Wer neu in Deutschland ist, muss sich erst eine Existenz ...	zapewnić (np. byt)
(sich) stören (an)	Wenn die Nachbarn laut sind, ... mich das.	gorszyć się czymś
stimmen	Kommst du aus Afrika? - Ja, das ...	zgadzać się
verbessern	Wie kann ich mein Deutsch ...? - Mach doch einen Sprachkurs.	ulepszać, poprawiać

respektieren	Fremde Menschen sollte man beachten, man sollte sie ...	szanować
fordern	„Mach doch bitte schnell", ... er von ihm.	wymagać
begleiten	Ich gehe morgen zum Jobcenter. - Kommst du mit? = ... du mich?	towarzyszyć
einschlafen, schläft ein	Wenn man viel Sport macht, kann man besser ...	zasypiać
nachdenken (über)	Warum bist du still? Ich ... über mein Leben ...	rozmyślać nad czymś
umgehen (mit)	Wenn man Berater ist, muss man gut mit Menschen ... können.	obchodzić się z czymś
Hören 68		Nomen / Rzeczowniki
das Arbeitslosengeld	Wenn Sie mindestens ein Jahr in Deutschland gearbeitet haben, dann bekommen Sie ... I. Wenn Sie noch nicht oder zu wenig gearbeitet haben, dann bekommen Sie nur ein bisschen Geld zum Leben, die Existenzgrundlage. Das ist ... II.	zasiłek dla bezrobotnych
die Daten (Plural)	Informationen im Computer nennt man ...	dane
die Staatsangehörigkeit, -en	Wenn Sie einen deutschen Personalausweis haben, dann haben Sie die deutsche ...	obywatelstwo
der Führerschein, e	Wenn Sie in Deutschland Auto fahren möchten, brauchen Sie einen ...	prawo jazdy
die Einschränkung, -en	Der Führerschein Klasse 3 hat zwei ...-en. Sie dürfen nicht Motorrad und nicht LKW fahren.	ograniczenie
der Bildungsweg, -e	Der ... ist die Lebensgeschichte in Zahlen. Sie berichten in Stichworten kurz: Wann, wie lange und wo Sie in der Schule, wann, wie lange und wo Sie in Studium oder Ausbildung, wann, wie lange und wo Sie in Arbeit waren?	przebieg edukacji
das Beschäftigungsverhältnis, -nisse	Wenn Sie ein ... haben, haben Sie eine Arbeit oder eine Stelle.	stosunek zatrudnienia
der Lebenslauf, -läufe	Wenn Sie sich schriftlich bewerben, dann schreiben Sie einen ... Im ... teilen Sie Ihren Bildungsweg und Ihre Beschäftigungsverhältnisse mit.	życiorys
das Muster, -	1. Ein ... ist ein typisches Beispiel. 2. Der Verkäufer zeigt mir verschiedene ... für mein neues Sofa.	1. wzór 2. model
die Hilfe, -n	Er hat einen Unfall. Er braucht ... Er hat kein Geld. Er braucht ... vom Staat.	pomoc
der Einstand, -stände	Wer eine neue Stelle hat, der feiert meist einen ... mit den neuen Kolleginnen und Kollegen. Der neue Kollege bringt zum Beispiel Kuchen mit.	rozpoczęcie nowej pracy
der Kunde, -n	Ein Mann, der einkauft, ist im Geschäft ein ...	klient
die Kundin, -innen	Die Frau, die einkauft, ist die ...	klientka
der Kontakt, -e	Ich weiß nicht, wie es ihm geht. Ich habe keinen...	pomoc
die Fließbandarbeit, -en	In Fabriken gibt es nicht mehr so oft ...	praca na taśmie produkcyjnej
das Gefängnis, -nisse	Ein Dieb muss ins ...	więzienie
die Droge, -n	... sind verbotene Mittel.	narkotyk
der Leib (nur Singular) / der Körper „am Leib"	„Leib" ist das alte Wort für „Körper". Man benutzt es eigentlich fast nur noch mit der Präposition „am": Wir tragen Kleidung am ...	ciało

das Milieu, -s	1. Das soziale Umfeld, die soziale Umgebung nennt man ... 2. Der Lebensraum von Pflanzen, Tieren, Bakterien. usw. (biologischer Fachbegriff) nennt man ... 3. Das Umfeld von Prostitution, Drogen, Kriminalität nennt man häufig ... - So sagt man zum Beispiel: Sie kommt aus dem ...	1. otoczenie 2. środowisko 3. półświatek
die Montage, -n „auf Montage"	Die ... ist die Produktion einer Fabrik. „Auf ..." ist handwerkliche Arbeit nicht in der Fabrik, sondern unterwegs bei Kunden.	montaż „być na montażu"
das Leben, -	Er erzählt von seinem ... im Herkunftsland. Nun hat er ein neues ... in Deutschland.	życie
der Bau, der Tiefbau, der Hochbau (nur Singular)	Wer „auf dem Bau" arbeitet, der ist Arbeiter auf einer Baustelle. Es gibt Tiefbau, das ist Straßen- und Kanalbau. Es gibt Hochbau, das ist Häuserbau.	budowa, budownictwo podziemne, budownictwo nadzieme
das Callcenter, -	Ein ... ist ein Büro mit sehr vielen Telefonen. Die Arbeit ist: Man telefoniert den ganzen Tag mit Kunden. Es geht meistens um das Verkaufen oder um Reklamationen.	call center
der Traum, Träume	1. Wenn wir schlafen, dann haben wir oft ... 2. Wenn man sich etwas sehr wünscht, nennt man das auch einen ... oder einen Wunschtraum. Ein schlechter Traum ist ein Alptraum.	1. sen 2. marzenie
das Projekt, -e	Ein Plan, den man organisiert und erarbeitet, ist ein ... - Auch eine Initiative kann man ... nennen, zum Beispiel Theaterprojekte oder Zirkusprojekte für Kinder.	projekt
die Quote, -n	Mathematisch berechneter Anteil eines Ganzen. In manchen Betrieben muss die Frauen... 50% betragen.	udział procentowy
die Situation, -en	Der Mann hat kein Geld, keine Arbeit, keine Wohnung. Er ist in einer schlimmen	sytuacja
die Leistung , -en	1. Wer im Zeugnis sehr gute Noten hat, hat gute ... 2. Eine Zahlung vom Staat, zum Beispiel Arbeitslosengeld, nennt man auch eine ... vom Staat.	1. wynik 2. świadczenie
Sonderleistung	Wer extra Geld haben möchte, möchte eine ...	świadczenie specjalne
der Fall, Fälle	Was tue ich, wenn ich kein Geld habe? - In diesem ... hole ich mir Beratung von der Schuldnerberatung.	przypadek
Hören 69		Andere Wörter / Inne słowa
gesundheitlich	Sie ist krank. Es geht ihr ... schlecht.	zdrowotnie
anonym	Wie heißt der Autor dieses Buches? Ich weiß es nicht. Er veröffentlicht es ...	anonimowo
anstrengend	Wenn man von seiner Arbeit schnell sehr müde wird, dann ist die Arbeit ...	męczący
belastend	Wenn man sich in seiner Arbeit sehr viele Sorgen machen muss, zum Beispiel um Menschen, dann ist die Arbeit ...	obciążający
schlecht / gut bezahlt	Wer viel Geld verdient, hat eine gut ...e Arbeit.	źle / dobrze płatny
langweilig	Wer immer das gleiche macht oder keine Arbeit hat, dem ist ...	nudny

deprimiert	Wenn ich sehr traurig bin, dann bin ich ...	przygnębiony
deprimierend	Eine Situation ist	przygnębiający
schüchtern	Wer sehr still ist und keine Initiative ergreifen kann, ist ...	nieśmiały
kaputt	Wenn ein Laptop auf den Boden fällt, dann ist er ...	zepsuty
irgendein	Ich brauche unbedingt eine Arbeit, egal welche. Ich brauche also ... -e Arbeit.	jakikolwiek
selten	Gut bezahlte Jobs sind in manchen Branchen ...	rzadki
egal	Mich interessiert das nicht. Das ist mir ...	obojętne
frustrierend	Wenn ich einhundert Bewerbungen schreibe und niemand antwortet, dann ist das ...	frustrujące
freundlich	Wenn der Arbeitsberater nett ist, dann ist er	miły

Abschnitt 4 Die schriftliche Bewerbung
Część 4 List motywacyjny

Hören 70

Präpositionen für Zeitangaben mit Dativ/ Przyimki czasu z celownikiem

Daty, uroczystości i inne okazje zawsze z rodzajnikiem/Godziny i niektóre święta bez rodzajnika		
an	1. Am Abend ist er zu Hause. 2. Am Freitag fahren viele Pendler nach Hause. 3. Am Monatsanfang bekommt er immer seinen Lohn. 4. Wann sind Sie geboren? Ich bin am 22.09.1964 geboren.	1. w 2. w 3. na 4. w jęz. polskim stosujemy w tym przypadku dopełniacz, bez przyimka.
in	<u>Sekundy, minuty, godziny, tygodnie, miesiące, pory roku, lata i wieki wymagają przyimka „in:</u> 1. In einer Stunde bin ich bei dir. 2. Im Mai ist das Wetter schön. 3. Im Jahre 1945 war der zweite Weltkrieg zu Ende. 4. Im 18. Jahrhundert herrscht die Epoche der Aufklärung. <u>Wyjątki:</u> 1. Same piszemy bez przyimka: Beispiel: Ich bin 1964 geboren. Der Krieg endet 1945. 2. Pory dnia: am Tag, am Morgen, am Mittag am Abend (j.w.) i daty: Er ist am 24.05.1956 geboren. Ale: Er ist im Jahre 1956 geboren.	1. za 2. w 3. w 4. w
vor	<u>Daty, uroczystości i inne okazje:</u> Vor dem 10. April gibt es keine Blumen in meinem Garten. Vor der Reise geht er noch einkaufen. <u>Godziny, święta kościelne i dni tygodnia (bez rodzajnika):</u> Godziny: Der Zug fährt vor acht Uhr. Święta kościelne: Vor Weihnachten, vor Ostern, ale: vor dem Ramadan, vor dem Tag der deutschen Einheit. Dni tygodnia: Vor Freitag bekommst du keinen Anruf.	przed

nach	<u>Daty, uroczystości i inne okazje:</u> Nach dem fünfzehnten Juni haben wir keine Zeit mehr. Nach dem Ramadan dürfen wir wieder tagsüber essen u. trinken. Nach ihrer Geburt gibt es ein tolles Fest. Nach seinem Tod feiert man diesen Künstler erst. <u>Godziny i święta kościelne (bez rodzajnika):</u> Nach Weihnachten tauschen viele Menschen Geschenke um. Nach acht Uhr erwarte ich deinen Anruf. Es ist viertel nach acht.	po
seit	<u>Daty, uroczystości i inne okazje:</u> Es ist seit dem 15. Juli sehr warm in Deutschland. Seit seiner Hochzeit ist er ein anderer Mensch. Seit der Geburt seiner Tochter geht er nicht mehr ins Kino. <u>Godziny i święta kościelne (bez rodzajnika):</u> Seit Dienstag ist er wieder gesund. Seit Anfang September geht er zur Schule. Seit Weihnachten besucht er sie jede Woche. Seit heute Morgen bin ich krank.	od
zu	<u>1. Daty, uroczystości i inne okazje:</u> Ich gratuliere dir zum Geburtstag. <u>2. Godziny i święta kościelne (bez rodzajnika):</u> Zu Pfingsten fahren wir an das Meer.	1. z okazji 2. w
von	<u>Daty, uroczystości i inne okazje:</u> Dieser Park ist vom 31. Oktober bis 30. März geschlossen. <u>Godziny i święta kościelne (bez rodzajnika):</u> Das Geschäft ist von 8.00 Uhr bis 20.00 Uhr geöffnet.	od
ab	<u>Daty, uroczystości i inne okazje:</u> Ab dem ersten Juni ist er in Urlaub. <u>Godziny i święta kościelne (bez rodzajnika):</u> Ab 20 Uhr sind alle Geschäfte geschlossen. Ab morgen geht er in die Schule. Ab Montag bin ich zu Hause.	od
zwischen	<u>Daty, uroczystości i inne okazje:</u> Zwischen dem 27. Mai und dem 31. November hat er eine Zeitarbeitsstelle. <u>Godziny i święta kościelne (bez rodzajnika):</u> Zwischen ein und zwei Uhr schläft er gerne mittags. Zwischen Weihnachten und Neujahr nehmen viele Urlaub	między
bis zu	Ich bleibe bis zum 3. Januar in Hannover.	aż do
bis vor	Bis vor einem Jahr war er noch in Syrien. (Jeszcze rok temu on wciąż był w Syrii.)	Przyimek „bis vor" używany jest w przeważnie w celu podkreślenia kolejności wydarzeń w przeszłości i nie ma polskiego odpowiednika. W jęz. polskim nie powiemy zatem „do przed rokiem", a po prostu „rok temu".

bis nach	Warte doch bis nach dem Essen! (Poczekaj, aż skończymy obiad!)	Przyimek „bis nach" używany jest przeważnie w celu podkreślenia kolejności wydarzeń w przyszłości. W jęz. polskim nie powiemy zatem „do po jedzeniu", a po prostu „po jedzeniu".
mit	Mit achtzehn Jahren macht er den Führerschein. (On zrobi prawo jazdy w wieku 18 lat.)	W jęz. polskim użyjemy tu wyrażenia „w wieku 18 lat" lub „mając 18 lat". Obie wersje nie wymagają przyimka.

Präpositionen für Zeitangaben mit Akkusativ
Przyimki czasu z biernikem

Przyimki czasu z Akkusativem odpowiadają na pytanie „Jak długo?" i prawie zawsze występują bez rodzajnika.

gegen	Wann kommt er denn? Um 8.00 Uhrr? - Ja, so ungefähr. Er kommt nicht genau um acht, er kommt gegen acht Uhr.	około
um	Er kommt um halb sieben.	o
bis	Ich warte bis September. Ich warte bis nächsten Montag.	do
für	Ich komme für zwei Tage zu dir.	na
auf	1. Von Samstag auf Sonntag haben wir Gäste. 2. Dieses Jahr fällt der erste Weihnachtstag auf einen Samstag. 3. Bitte kommen Sie doch auf ein paar Minuten herein! = Bitte kommen Sie doch für ein paar Minuten herein!	1. na 2. w 3. na
über	1. Er kommt über das Wochenende zu uns. 2. Den Kuchen muss man über Nacht stehen lassen. 3. Jetzt ist sie schon über ein Jahr in Deutschland.	1. na 2. przez 3. ponat

Hören 71 — Verben / Czasowniki

(sich) befinden	Wo ... sich die Stellenanzeigen einer Zeitung. Sie ... sich meistens in der Mitte der Zeitung.	znajdować się
einstellen	Die Firma möchte zwei neue Mitarbeiter ...	zatrudniać
(sich) eignen	Frau Hoffmann ... sich für diese Stelle im Büro.	nadawać się
erstellen	Sie ... einen Lebenslauf.	sporządzać, przygotowywać
(sich) einarbeiten, arbeitet (sich) ein	Sie ... sich sehr schnell in die neue Stelle ...	przyuczać, wdrażać się

Hören 72 — Nomen / Rzeczowniki

die Blindbewerbung, -en die Spontanbewerbung, -en	Wenn Sie sich für eine Stelle bewerben, aber kein Stellenangebot dieser Firma haben, machen Sie eine ...	wysyłanie aplikacji bez informacji na temat tego, czy firma aktualnie poszukuje pracowników
die Kammer, -n	Die ...-n vertreten in Deutschland bestimmte Betriebe oder Berufsgruppen.	izba
der Standard, -s	die Norm = der ...	standard
die Anlage	Wenn wir Dokumente, Papiere, Kopien und anderes mitschicken, dann sind das die ... des Briefes.	załącznik
die Übersetzung	Von einer Sprache in eine andere Sprache setzen: ...	tłumaczenie

Index Indeks

bis (zeitlich) (5.4)
bis nach (zeitlich) (5.4)
bis zu (zeitlich) (5.4)
bisherig (4.3)
bisschen (ein bisschen) (1.1)
bitte (1.1)
bleiben (4.2)
Blindbewerbung (5.4)
Blumenkohl (2.1)
Bluse (4.3)
Bohne (2.1)
Bonbons (2.1)
Branche (5.2)
Brathähnchen (2.4)
Bratkartoffel (2.4)
brauchen (2.1)
brav (3.3.)
brechen (3.1)
Brief (2.3)
Briefmarke (1.3)
Briefpapier (4.4)
Briefumschlag (4.4)
bringen (1.1)
Broschüre (3.4)
Brot (2.1)
Brötchen (2.1)
Brücke (5.1)
Bruder (1.1)
Buch (1.1)
buchen (4.4)
Bücherei / Stadtbücherei (5.1)
Buchstabe (1.2)
buchstabieren (1.2)
bügeln (2.3)
Bundesland (1.4)
Bushaltestelle (5.1)
Café (3.1)
Callcenter (5.3)
Chance (5.2)
Chat (1.3)
Chiffre (4.1)
Computer (1.3)
da sein (4.2)
Dachgeschoss (4.1)
Dame (1.3)
danke (1.1)
danke ebenfalls (1.1)
dann (2.1)
Daten (5.3)
Datenbank (5.2)
Datum (4.3)
Dauerauftrag (2.5)
dauern (3.1)
dazulernen (5.2)
decken (3.1)
denn (2.1)
deprimierend (5.3)
deprimiert (5.3)
derselbe, dieselbe, dasselbe (3.1)
deshalb (4.2)
Dessert (2.4)
dick (2.3)
Diebstahl (3.4)
dieser, diese, dieses (3.4)
diskriminieren (4.1)
doch (2.1)
Dom (5.1)
Dorf (1.3)
Dorn (3.1)
dort (4.1)
Dose (2.1)
draußen (3.1)
drei (1.3)
dringend (4.1)
Droge (5.3)
drücken (2.2)
du (1.1)
durch (5.2)
durcheinander (4.3)
durchfragen (sich) (5.1)
Durchsage (1.3)
dürfen (2.1/4.1)
e-Mail (1.3)
eben (3.1)
egal (5.3)
Ehepaar (4.2)
Ei (2.1)
eigener, eigene, eigenes (3.4)
eignen (sich) (5.4)
Eignungstest (5.2)
einarbeiten (sich) (5.4)
einfach (5.1)
Eingabemaske (4.1)
Eingang (4.2)
Eingangstüre (4.2)
eingeben (2.2)
eingeben (Daten) (5.3)
eingießen (3.1)
einige (1.3)
einkaufen (2.2)
Einkaufswagen (2.2)
Einkaufszettel (2.1)
einladen (2.1)
einlegen (Gang) (3.2.)
einpacken (4.3)
einrichten (2.5)
eins (1.3)
einscannen (5.2)
einschlafen (5.3)
Einschränkung (5.3)
Einstand (5.3)
einstellen (5.4)
einverstanden (2.1)
einweihen (4.4)
Einweihung (2.1)
einwickeln (4.3)
einzahlen (2.5)
einzeln (5.2)
einziehen (4.2)
Einzugstermin (4.1)
Eis (1.1)
Eis gemischt (2.4)
Elektrogeschäft (2.5)
Elternzeit (5.1)
Empfänger (2.5)
empfehlen (2.4)
Ende (1.2)
endlich (4.3)
entfernen (4.2)
entlang (5.2)
entschuldigen (1.3)
Entwicklung (5.2)
er (1.1)
Erbse (2.1)
Erdbeerbecher (2.4)
Erdbeere (2.1)
Erdgeschoss (4.1)
erfahren (5.2)
Erfolg (5.2)
ergänzen (2.2)
erhalten (5.1)
erinnern (sich) (3.3.)
erklären (3.4)
erlernen (5.2)
eröffnen (2.5)
erreichbar (4.1)
erschrecken (3.1)
ersetzen (4.2)
erst (1.1)
Erstaufnahmelager (1.1)
Erstbezug (4.1)
Erste (2.5)
erstellen (5.4)
erzählen (3.1)
es (1.1)
es gibt (2.1)
Essen (1.1)
essen (2.1)
essen (zu Mittag / zu Abend) (3.1)
Essig (2.1)
Esstisch (4.3)
Euroschein (2.2)
Fachkraft (5.2)
Fahranfänger (3.4)
fahren (2.3)
Fahrrad (3.4)
Fall (5.3)
fallen (3.1)
fallen (schwer/leicht) (5.3)
falsch (2.2)
Familienangehöriger (4.3)
feiern (2.1)
Feierabend (einen schönen)(2.2)
Ferien (5.1)
fertig (3.1)
Fest (2.1)
Feuerzeug (4.4)
Finanzamt (5.1)
finden (1.3)
Finger (3.1)
Firma (5.1)
Fischplatte (2.4)
Fladenbrot (2.1)
Flasche (2.1)
Fleisch (2.1)
Fließbandarbeit (5.3)
fließen (1.4)
Flöte (4.4)
Fluss (1.4)

folgender, folgende, folgendes (3.4)
fordern (5.3)
Förderunterricht (3.3.)
fortbilden (5.2)
Fortbildung (5.2)
Fortbildungskurs (5.2)
Frage (1.1)
fragen (1.1)
fragen (nach) (5.1)
Frau (1.1)
frei (4.2)
freuen (sich ... über) (4.2)
Freund (2.1)
Freundin (2.1)
freundlich (5.3)
frisch (2.4)
Frischtheke (2.2)
Frucht (2.1)
früh (2.3)
Frühstück (2.1)
frühstücken (2.3)
frustrierend (5.3)
führen (5.1)
Führerscheint (5.3)
füllen (2.2)
fünf (1.3)
für (5.2)
für (zeitlich) (5.4)
Fuß (3.2.)
Fußball (3.1)
Fußgängerunterführung (5.1)
Gabel (4.3)
Garage (4.1)
Garderobe (4.4)
Garten (3.1)
Gartenbenutzung (4.1)
Gartenstuhl (3.1)
Gartentisch (3.1)
Gartentor (3.1)
Gaskocher (4.3)
Gebäude (5.1)
geben (1.3)
geboren (4.3)
gebraten (2.1)
Geduld (1.3)
gefällt (es gefällt mir) (4.2)
Gefängnis (5.3)
gefüllt (2.1)
gegen (5.2)
gegen (zeitlich) (5.4)
gegenüber (5.3)
Geheimzahl (2.2)
gehen (1.1)
gehören zu (4.2)
Geige (4.4)
gelb (2.1)
Geld (2.1)
gelten (3.1)
Gemeinde (4.3)
gemeinsam (3.1)
Gemüseabteilung (2.2)
Gemüsebeet (3.1)
gemütlich (3.1)
genau (4.1)
gepflegt (3.2.)
gerade (2.2)
geradeaus (5.1)
Gericht (5.1)
gern geschehen (1.1)
gerne (2.1)
Geschirr (2.3)
Geschirrschrank (4.3)
geschlossen (1.2)
Gesetz (4.1)
Gespräch (3.4)
gesund (2.3)
gesundheitlich (5.3)
Gesundheitsamt (5.1)
Gewürz (2.1)
gießen (5.3)
Gitarre (4.4)
Glas (4.3)
glauben (3.1)
gleich (4.1)
glücklich (4.2)
golden (4.4)
graben (3.1)
Grenze (1.4)
groß (1.3)
Großstadt (3.4)
Grundriss (4.4)
günstig (2.2)
Gurke (2.1)
gut (1.1)
Gutachten (3.4)
Gutachter (3.4)
Gutachterin (3.4)
Gute Fahrt! (3.2.)
Guten Abend (1.1)
Guten Appetit! (2.4)
Guten Morgen (1.1)
Guten Tag! (1.1)
haben (1.1)
Hahn (2.1)
Hähnchen (2.1)
Halskette (4.4)
halten (3.1)
Hamburger (2.3)
Hand (3.1)
Handy (1.3)
hängen (5.1)
Hauptspeise (2.4)
Hauptstadt (1.4)
Haus (1.2)
Hausaufgabe (3.3.)
Hause (nach Hause) (3.3.)
Haustier (4.1)
Haustüre (4.2)
Hefe (2.1)
heiraten (2.1)
heiß (3.1)
heißen (1.1)
Heizung (4.1)
helfen (3.1)
hell (4.2)
heraussuchen (5.2)
herbeilaufen (3.1)
Herd (4.2)
hereinkommen (3.4)
Hering (2.4)
Herr (1.1)
herumgehen (3.2.)
herunterladen (4.1)
heute (1.1)
hier (1.1)
hier (von hier sein) (5.1)
hierbleiben (4.2)
hierlassen (4.3)
Hilfe (5.3)
Himbeere (2.1)
Himbeerstrauch (3.1)
hineinkommen (4.2)
hineinstecken (2.2)
hinten (5.1)
hinter (5.1)
Hobby (1.1)
hoch (3.4)
hochladen (4.1)
Hochzeit (2.1)
holen (1.1)
Holz (4.4)
hören (1.1)
Hose (4.3)
Hotel (5.1)
hübsch (4.2)
Huhn (2.1)
Hühnchen (2.1)
Hund (4.2)
Hunger (1.1)
Ich (1.1)
Idee (eine gute Idee) (2.1)
ihr (1.1)
ihr (1.1)
immer (4.1)
in (5.1)
in (zeitlich) (5.4)
in Ordnung (2.5)
In Ordnung gehen (2.5)
Indes Lehrbuch 1
informieren (sich...über) (5.2)
Ingenieur (1.1)
Innenstadt (5.1)
interessant (4.1)
interessieren (sich... für) (3.2.)
Interview (1.1)
irgendein (5.3)
ja (1.1)
ja (1.1)
Jacke (4.3)
Jahr (1.1)
jeder, jede, jedes (2.1)
jederzeit (2.5)
jemand (5.1)
jetzt (1.1)
Job (5.1)
Jobcenter (5.1)
Joghurt (2.1)
Jugendherberge (5.1)
jung (4.2)

Möhre (2.1)
Monat (2.5)
Monat (2.5)
Monatsende (4.2)
Monatsmiete (4.1)
Montage (5.3)
morgens (3.1)
Moschee (5.1)
müde (2.3)
Mund (3.1)
Münze (3.2.)
Museum (5.1)
Musik (1.1)
Musikinstrument (4.4)
Musikunterricht (3.3.)
musizieren (4.4)
müssen (3.3.)
müssen (4.1)
Muster (5.3)
Mutter (1.1)
Mutterschutz (5.1)
Na und. (3.1)
nach (5.3)
nach (zeitlich) (5.4)
Nachbar (3.3)
Nachbarin (3.3.)
nachdenken (5.3)
Nachmieter (4.2)
Nachmittag (2.1)
nachmittags (3.1)
Nachname (1.1)
nachsehen (4.1)
Nachspeise (2.4)
Nähe (in er Nähe) (4.2)
Name (1.1)
natürlich (3.4)
neben (5.1)
Nebenkosten (4.1)
nehmen (1.3)
nein (1.1)
Netz (2.1)
neu (1.1)
neu (5.1)
Neubau (4.1)
neun (1.3)
nicht (2.3)
niemand (4.1)
noch (1.1)
noch einmal (2.2)
noch einmal (5.1)
normal (2.1)
normal (4.1)
Notwohnung (4.1)
Nudel (2.3)
Nummer (1.1)
nun (5.1)
nur (1.3)
Nuss (2.4)
nutzen (5.2)
oben (4.2)
Obergeschoss (4.1)
Obst (2.1)
offen (1.2)
öffnen (2.2)
Öffnungszeit (5.2)
oft (1.3)
ohne (3.2.)
ohne (5.2)
Öl (2.1)
Orange (2.1)
Orangensaft (2.1)
organisieren (5.3)
Osten (1.2)
paar (3.1)
packen (3.1)
Packung (2.1)
Papiere (4.3)
Paprika (2.1)
Paprikaschnitzel (2.4)
parken (5.1)
Parkett (4.1)
Parkplatz (5.1)
passen (4.2)
Pech (3.4)
per (2.5)
Pfanne (4.3)
Pfeffer (2.1)
Pfeife (4.4)
Pfirsich (2.1)
Pflanze (3.1)
pflanzen (3.1)
Pflaume (2.1)
pflegen (5.1)
Picknick (2.1)
Pilz (2.1)
Plastiktüte (2.2)
Platz (1.3)
Polizei(wache) (5.1)
Pommes Frites (2.4)
Post (1.3)
Postangestellte (1.3)
Postangestellter (1.3)
Postleitzahl (1.3)
praktisch (4.1)
präsentieren (5.1)
Preis (2.2)
Preiszettel (2.2)
privat (4.1)
Problem (3.2.)
Projekt (5.3)
Pudding (2.1)
Puddingpulver (2.1)
pünktlich (3.3.)
putzen (2.3)
Quote (5.3)
Rat (3.4)
raten (3.1)
Rathaus (5.1)
rauchen (4.4)
recherchieren (5.1)
rechts (4.1)
Region (5.2)
Reis (2.4)
reisen (4.4)
reißen (2.2)
renovieren (4.4)
Reparatur (3.4)
reparieren (2.3)
respektieren (5.3)
Restaurant (2.4)
retten (5.3)
richten (sich ... nach) (3.4)
richtig (2.2)
Richtung (5.1)
Rind (2.1)
Rinderfilet (2.4)
Rindsbouillon (2.4)
Ring (4.4)
Rock (4.3)
Rolle (2.2)
rot (2.1)
Rotwein (2.1)
Rückseite (2.5)
rufen (3.1)
ruhig (3.1)
ruhig (3.2.)
Sache (3.1)
Sack (2.2)
Sahne (2.4)
Saisonarbeit (5.1)
Salat (2.1)
Salz (2.1)
sammeln (4.3)
Samstag (2.3)
Satz (1.2)
sauber (4.2)
Sauerbraten (2.4)
Sauerkraut (2.4)
schade (das ist schade) (4.1)
Schadensfall (3.4)
schaffen (5.1)
schätzen (3.1)
Schaufenster (3.1)
Schaufensterbummel (3.1)
schenken (4.4)
schicken (1.2)
schlafen (3.1)
Schlafzimmer (4.1)
schlecht (4.2)
schlecht/gut bezahlt (5.3)
schlimm (3.1)
Schloss (3.4)
Schloss (5.1)
Schlüssel (3.2.)
schmecken (2.4)
schmecken (sich ... lassen) (4.4)
schmelzen (3.1)
Schmerzensgeld (3.4)
Schmuck (4.4)
Schmutz (4.2)
schneiden (3.1)
schnell (3.1)
Schnitzel (2.4)
Schokolade (2.1)
Schollenfilet (2.4)
schon (1.1)

schön (1.2)
schrauben (4.3)
schreiben (2.1)
schreien (3.1)
schüchtern (5.3)
Schuh (4.4)
Schuld (3.4)
Schule (1.1)
Schüssel (4.3)
Schwangerschaft (5.1)
Schwein (2.1)
Schweinebraten (2.4)
Schweinesteak (2.4)
schwer (5.1)
Schwester (1.1)
schwimmen (2.3)
sechs (1.3)
See (1.4)
sehen (1.1)
sehr (1.1)
sein (1.1)
seit (zeitlich) (5.4)
Sekt (2.1)
selbst (2.1)
Selbstbeteiligung (3.4)
selbstverständlich (4.2)
selten (5.3)
Seminar (5.2)
Semmelknödel (2.4)
seriös (3.4)
Service (5.2)
Sessel (4.3)
sie (1.1)
Sie (1.1)
sieben (1.3)
Silbe (1.2)
silbern (4.4)
sinken (3.4)
Situation (5.3)
sitzen (1.2)
Smartphone (1.3)
Smartphone-App (1.1)
SMS (1.3)
Sofa (4.3)
sofort (4.1)
sogar (4.1)
Sohn (1.1)
sollen (4.1)
Sonderangebot (2.2)
Sonderleistung (5.3)
Sonne (3.1)
Sonntag (2.3)
sortieren (4.3)
Soße (2.1)
sowieso (4.2)
sparen (4.1)
spät (1.2)
später (4.1)
spazieren gehen (2.3)
Speise (2.1)
Speisekarte (2.4)
Spezialität (2.1)
spielen (1.3)
Spielplatz (4.2)
Spielregel (3.1)
Spontanbewerbung (5.4)
Sport (3.3.)
Sprachkurs (1.1)
Sprechanlage (4.2)
sprechen (1.1)
Spüle (4.2)
Staatsangehörigkeit (4.3)
Staatsangehörigkeit (5.3)
Stadt (1.3)
Stadtbus (4.1)
Stadtrand (4.1)
Stadtverwaltung (5.1)
Stadtwerke (5.1)
Stadtzentrum (5.1)
Standard (5.4)
stapeln (4.3)
Steak (2.4)
stechen (3.1)
Steckling (3.1)
stehen (1.2)
stehlen (3.1)
steigen (3.1)
Stelle (5.1)
Stelle (5.2)
stellen (1.2)
Stellenangebot (5.2)
Stellplatz (4.1)
sterben (3.1)
stimmen (5.3)
stimmt (1.1)
stören (sich...an) (5.3)
Straße (1.1)
Straßenschild (5.1)
stricken (3.1)
Stück (3.1)
Student (5.1)
Studentin (5.1)
Studium (5.2)
Stunde (3.1)
stundenlang (3.1)
suchen (1.3)
Suchmaschine (4.1)
Süden (1.2)
Supermarkt (2.2)
Suppe (1.1)
Süßigkeit (2.1)
Synagoge (5.1)
Tabelle (3.4)
Tafel (5.1)
Tagesmutter (1.1)
Tageszeitung (4.1)
Tankstelle (4.1)
tanzen (4.4)
Tanzkleid (4.4)
Tarif (3.4)
Tasche (2.1)
Tasse (4.3)
Taste (2.2)
Tätigkeit (5.1)
Technik (5.2)
Tee (2.1)
Telefon (1.3)
Telefongespräch (3.4)
telefonieren (1.3)
Telefonnummer (1.3)
Teller (4.3)
Teppich (4.1)
Teppichboden (4.1)
Terrasse (4.1)
testen (5.2)
teuer (1.1)
Theater (2.3)
Theke (5.2)
Thermoskanne (3.1)
Thunfisch (2.4)
Tiefgarage (4.1)
Tischtuch (3.1)
Toast (2.4)
Tochter (1.1)
Toilette (4.2)
Tomate (2.1)
Tomatenmark (2.1)
Topf (4.3)
tragen (3.1)
Traum (5.3)
Traumwohnung (4.1)
traurig (4.1)
treffen (2.3)
Trick (5.2)
trinken (2.1)
Tropfpflanze (4.4)
tschüß (1.1)
Tube (2.1)
Türöffner (4.2)
tut mir leid (4.1)
Tüte (2.2)
Twitter (1.3)
über (5.1)
über (zeitlich) (5.4)
Übergabeprotokoll (4.2)
überreichen (4.4)
Übersetzung (5.4)
Übertopf (4.4)
überweisen (2.5)
Überweisung (2.5)
Überweisungsformular (2.5)
überzeugen (jemanden) (5.2)
Uhr (3.3.)
Uhr (um 10 Uhr) (3.3.)
Uhr (viertel nach) (3.3.)
Uhr (viertel vor) (3.3.)
um (5.2)
um (zeitlich)(5.4)
Umgebung (4.1)
umgehen (mit) (5.3)
ummelden (3.2.)
umschulen (5.2)
Umschulung (5.2)
umziehen (4.2)
und (1.1)
Unfall (3.4)

unfallfrei (3.4)
Unfallgegner (3.4)
ungefähr (4.1)
Universität (5.1)
unten (4.2)
unter (5.1)
unterhalten (sich) (3.1)
Unterschied (3.4)
unterschiedlich (4.1)
unterschreiben (2.5)
Unterschrift (2.5)
Urinstein (4.2)
Ursache (keine) (5.1)
Vater (1.1)
verabschieden (sich) (4.2)
veralten (5.2)
verbessern (5.2)
verbessern (5.3)
Verbraucherzentrale (3.4)
verderben (3.1)
verdienen (5.3)
Verdienst (5.2)
Verdienstmöglichkeit (5.2)
Verein (3.3.)
vereinbaren (5.1)
verfolgen (5.1)
vergessen (3.1)
verheiratet (1.1)
Verkäufer (2.2)
Verkäuferin (2.2)
verlegen (4.1)
Verletzung (3.4)
Vermieter (2.5)
Vermieterin (2.5)
vermitteln (5.3)
Verpackung (3.1)
verschenken (4.3)
verschieden (3.4)
verschließen (2.2)
versichern (3.4)
Versicherung (3.4)
Versicherungen (3.4)
verstehen (1.1)
versuchen (2.2)
verteilen (3.1)
Vertrag (3.2.)
vertreten (5.1)
Vertretung (5.1)
Verwaltung (5.2)
Verwendungszweck (2.5)
verwitwet (1.1)
viel (1.1)
vielen Dank (1.1)
vielleicht (3.2.)
vier (1.3)
viertel (3.1)
Visitenkarte (4.2)
Vokal (1.2)
voll (2.2)
von (5.3)
von (zeitlich) (5.4)
vor (5.1)
vor (zeitlich) (5.4)
vorbeigehen (5.1)
vorbeikommen (4.1)
vorbereiten (3.1)
vorher (4.3)
vorlesen (3.1)
vormittags (3.1)
Vorname (1.1)
vorne (5.1)
Vorschrift (5.2)
vorsichtig (3.1)
Vorspeise (2.4)
vorstellen (sich) (1.1)
Vorstellungsgespräch (5.2)
Vortrag (5.2)
Waage (2.2)
wählen (4.1)
wandern (3.1)
wann? (2.5)
Ware (2.2)
warm (4.1)
Warmmiete (4.1)
warten (2.2)
Warum? (5.1)
was (1.1)
Was ist los? (3.1)
Wäsche (2.3)
waschen (2.3)
Waschmaschine (2.5)
Wasserhahn (4.2)
wechseln (2.5)
wecken (3.3.)
weg (4.1)
Weg (5.1)
wegen (4.1)
Wein (2.1)
Weintraubc (2.1)
Weißwein (2.1)
weit (5.1)
Weiterbildung (5.2)
weitergehen (5.1)
weiterschicken (4.1)
welcher, welche, welches (1.4)
wenig (ein wenig) (1.1)
wenn (3.4)
wer (1.1)
werben (3.1)
Werbung (3.1)
werden (4.2)
Werkzeug (4.4)
wichtig (2.5)
wie (1.1)
Wie geht's? (1.1)
Wie lange? (5.1)
wiederholen (2.2)
wieviel? (2.5)
wir (1.1)
wirklich (3.2.)
wissen (3.3.)
wo (1.1)
Wo? (5.1)
Woche (2.1)
Wochenende (2.1)
woher (1.1)
Wohin? (5.1)
wohnen (1.1)
Wohngegend (4.2)
Wohnsitz (4.3)
Wohnung (3.1)
Wohnungsbörse (4.1)
Wohnungseinweihung (4.4)
Wohnungssuche (4.1)
Wohnzimmer (3.1)
Wohnzimmerschrank (4.3)
wollen (4.1)
Workshop (5.2)
Wort (1.2)
Wozu? (5.1)
wünschen (1.1)
zahlen (2.1)
zeigen (4.2)
Zeit (2.1)
Zeit (zur Zeit) (4.2)
Zeitarbeit (5.1)
Zeitschrift (3.4)
zentral (4.1)
Zettel (2.2)
Zeugnis (5.2)
ziemlich (3.2.)
Zigarette (4.4)
Zigarre (4.4)
Zimmerpflanze (4.4)
Zitrone (2.1)
zu (5.3)
zu (zeitlich) (5.4)
zu Fuß (5.1)
zu Hause (2.1)
zu hoch (4.3)
Zucker (2.1)
zuerst (4.1)
zufrieden (3.2.)
zulassen (3.2.)
zunächst (5.1)
Zündholz (4.4)
zurückfahren (4.3)
zurückgehen (3.1)
zusammen (2.1)
zusammenlegen (4.3)
zusätzlich (5.1)
zuschlagen (3.1)
Zuschuss (4.3)
zuzüglich (4.1)
zwei (1.3)
Zweitwohnung (4.3)
Zwetschge (2.1)
Zwiebel (2.1)
Zwiebelrostbraten (2.4)
zwischen (5.1)
zwischen (zeitlich) (5.4)